초등 부모 교실

이 도서의 국립중앙도서관 출판예정도서목록(CIP)은
서지정보유통지원시스템 홈페이지(http://seoji.nl.go.kr)와
국가자료공동목록시스템(http://www.nl.go.kr/kolisnet)에서 이용하실 수 있습니다.
(CIP제어번호: CIP2018019718)

함｜께｜교｜육｜3

아이와 함께 배우고 성장하는

초등 부모 교실

차승민 글

서유재

학부모를 이해하는
교사가 되기까지

경력이 길든 짧든 학부모와 대화하거나 상담하기를 즐겨 하는 교사는 드뭅니다. 불가근불가원不可近不可遠, 교사와 부모 관계를 설명하는 데 있어 이 말만큼 정확하고 적절한 말도 없습니다. 그만큼 부담스럽고 어려운 관계가 바로 교사와 부모 사이입니다. 어쩌다, 왜 이렇게 되었는지 누구도 명확히 말할 수 없습니다. 확실한 것은 과거에 비해 교사와 부모는 어려운 관계를 넘어 더욱더 서로 믿지 못하는 사이가 되어 가고 있다는 것입니다.

새 학년 담임이 발표되면 부모들은 담임교사가 어떤 성향인지 정보를 주고받습니다. 카페와 미용실 등 사람이 모이는 곳엔 어김없이 아이와 교육, 학교와 교사에 대한 이야기로 넘쳐 납니다. 긍정적이고 아름다운 이야기보다 그렇지 못한 것이 더 많습니다.

학교에서도 마찬가지입니다. 어느 부모가 항의를 하고 가면 그 소문은 순식간에 교사들 사이로 퍼집니다. 역시 상처와 격앙된 감정의 파편들만 난무합니다. 특정 지역의 현상이 아닙니다. 우리의 보편적인 현실입니다. 어떻게 풀어 가야 할까요?

먼저 저의 이야기로 시작하겠습니다.

저는 21년째 초등학교에서 아이들과 함께 지내고 있습니다. 그러면서 고3 자식을 키우고 있는 부모입니다. 부부교사로 고작 아들 하나 키우면서 긴 한숨과 회한 그리고 몇 번의 눈물을 흘렸는지 모릅니다. 아내와 저는 서로 성향은 다를지언정 각자의 교실에서 자부심을 갖고 부끄럽지 않게 가르침을 다해 왔습니다. 그래서 아이를 키우는 데도 자신이 있었습니다.

저는 제 아들이 어릴 때 천재인 줄 알았습니다. 음감도 좋고 말도 잘하고 무엇보다 예술적 소질이 뛰어나다고 믿었습니다. 아내는 좋은 선생님과 다양한 경험을 아들에게 주고 싶어 했습니다. 학교를 다니기 전부터 집엔 수많은 교구와 함께 방문교사들이 왔습니다. 가르치는 분들마다 가능성이 많다고 하여 기대도 컸습니다. 그러나 그 기대는 아들이 초등학교에 입학하자마자 꺾였습니다. 1학년 아들의 첫 공개수업 덕분이었습니다.

아들은 교탁 맨 앞자리에 앉아 있었습니다. 그 자리는 집중하지 못하는 아이를 위한 자리입니다. 아들의 담임은 아주 훌륭한 선생님으로 정평이 나 있는 분이었습니다.

아들은 공개수업 내내 양말을 벗었다 신었다, 실내화를 던지고, 지우

개를 끊어 장난을 쳤습니다. 보다 못한 담임 선생님이 아들의 떨어진 필기구를 챙기며 수업하였습니다. 저는 부모로서, 같은 선생으로서 얼굴을 들 수가 없었습니다. 얼굴이 벌겋게 달아오른 저는 공개수업이 끝난 후 이마에 송골송골 땀이 맺힌 담임 선생님에게 인사를 했습니다.

"아들을 잘못 키워 죄송합니다."

이후 아내는 아들이 다니는 학교에 6년간 함께 근무하며 여러 가지 경험과 기회를 주기 위해 수많은 학원을 보냈지만 별 소용이 없었습니다. 아들은 점점 공부와 담을 쌓고 아무 생각 없이 학교를 다니기 시작했습니다. 아들은 점점 더 무기력해져 갔습니다.

시간이 지나면 낫겠지, 학년이 올라가면 낫겠지 기다렸지만 아들은 게임에 빠져 흐리멍덩한 눈으로 매일을 허비했습니다. 그나마 근근이 다니던 학원마저 빼먹는 날이 점점 많아지면서 아내의 잔소리는 날이 갈수록 잦아졌습니다.

저 역시 아들을 채근하다 보면 아내와 언성이 높아지고 부부싸움으로 이어지기 일쑤였습니다. 참담했습니다. 부모이기 전에 각자 교실에서 자부심을 가진 교사로 살아 왔던 우리가 아들 하나를 어쩌지 못해 소리 지르며 싸우고 있는 현실을 인정하기 싫었습니다.

아빠 : 왜 학원 가기 싫다고 엄마에게 이야기하지 않아?
아들 : 그럼 엄마가 실망하잖아요.

매번 학원을 빼먹던 아들에게 별 기대 없이 한 질문에 돌아온 아들의
대답은 충격이었습니다.

'공부해 주고 있구나.'
'하기 싫은 일 억지로 해 주고 있구나.'

그러다 5학년 때 학교를 안 다니겠다고 하는 무기력한 아들을 보며
더는 그대로 놔둘 수 없다고 생각했습니다. 그때까지 아들의 교육에 관
한 모든 결정은 아내가 하고 있었습니다. 저는 아내에게 이제부터는 내
가 아들을 맡겠다고 말하고 가장 먼저 모든 학원을 끊었습니다. 학원은
고사하고 학교라도 다니게 하려는 마음뿐이었습니다. 그러나 아들은 더
욱더 게임과 코스프레에 빠졌습니다. 저는 그나마 학교라도 다니는 것
을 다행이라 생각했습니다. 아들은 간신히 초등학교를 졸업하고 중학교
반 편성 시험을 치러 가지 않았습니다. 이유는 한 가지, 늦잠이었습니다.
방학이면 게임에 빠져 해 뜰 때 잠들어 해 지면 일어나곤 했습니다. 지
금도 그 시절을 생각하면 아찔합니다.

아들이 6학년 때 저도 6학년 담임을 하고 있었습니다. 학교에서는 아
들 이야기를 하며 반 아이들에게 조언을 구하고 집에 가면 반 아이들의
문제를 아들과 이야기했습니다. 그렇게라도 아들과 대화하고 싶었습니
다. 아들의 생활은 좀처럼 나아지지 않았습니다. 하루 종일 방에서 게임
만 하니 몸은 비대해지고 코스프레 용품을 만드느라 방은 온통 어지러
웠습니다. 공부는 안중에도 없었습니다. 주중엔 게임에 빠져 있다 주말

이 되면 전국으로 코스프레 공연을 하러 다녔습니다. 그나마 학교는 빼먹지 않았습니다. 제가 할 수 있는 일은 지켜보는 것뿐이었습니다.

"아빠, 게임고등학교에 갈게요."

중3이 된 아들은 게임고등학교에 진학하겠다고 선언했습니다. 아들은 이미 게임고등학교에 가기 위한 준비를 하고 있었습니다. 게임고등학교가 뭐하는 곳인지 몰라 두려웠지만 우리 부부는 허락했습니다.

아들은 게임고등학교에 진학해 자신의 길을 찾기 시작했습니다. 알고 보니 게임만 잘해선 안 되는 곳이더군요. 정말 게임을 잘하는 아이들을 직접 옆에서 보던 아들은 각성하고 제대로 게임 공부를 하기 시작했습니다. 게임을 제작해 보기도 하고 프로그램을 연구하기도 하면서요.

"이제 게임을 끊었어요."

기숙사 생활을 하다 2학년 여름방학 때 집에 온 아들은 우리 부부에게 그간의 소식을 전했습니다. 팀을 이뤄 게임 연구도 하고 대학이나 게임 기업에서 하는 연수도 참여하면서 아들은 견문과 지식을 넓혀 갔습니다. 프로그램을 더 잘 다루기 위해 수학을 공부하고, 게임의 스토리를 풍부하게 하기 위해 각종 서적을 찾아 읽기 시작했습니다. 거기다 팀장을 맡아 친구와 후배 들을 통솔하면서 연구의 성과를 높이기 위해서는 게임을 끊어야겠다고 말하더군요.

"이거 버려도 되니?"

아들과 함께 방청소를 했습니다. 6년 동안 묵혀 둔 각종 게임 관련 물품과 코스프레 용품을 하나하나 정리했습니다. 100리터짜리 쓰레기봉투를 몇 개나 묶었는지 모릅니다.

고3이 된 아들은 또래와는 다른 공부를 하며 자신의 길을 가고 있습니다. 사물인터넷을 연구하고 학회에 논문도 내고 발명도 하면서요. 사실 무슨 공부를 하는지 잘 이해는 안 되지만 아들이 자신의 길을 찾아가는 것을 응원하고 격려하는 것 이외에는 할 일이 없어 그냥 믿고 지켜보고 있습니다.

아들의 방황을 지켜보는 데 6년이 걸렸습니다. 돌이켜 보면 부모인 저는 '방황'으로 보여 마음 졸였지만 아들은 '자신의 길을 찾는 과정'이었습니다.

아들의 성장을 보고 난 후 교실의 아이들을 좀 더 여유 있게 봅니다. 교사가 할 수 있는 것은 아이들을 이끄는 것이 아니라 선택의 기회를 주고 기다리는 일이 가장 크다는 걸 알기에 기다리고 또 기다립니다. 실수하고 실패하는 과정 속에 아이들과 함께 지내다 보면 어제보다 나은 내일이 올 거라 믿습니다.

아이들과 지내다 보니 아이들 뒤에 있는 부모가 보이기 시작했습니다. 아이가 잘하면 기뻐하고, 애쓰고 힘들어 할 때 괴로워하는 부모 말입니다. 예전과는 달리 측은하고 애틋한 마음이 듭니다. 아이의 긴 성장을 지켜봐야 하는 부모의 심정을 비로소 이해한 것입니다.

교사로서 부모로서 지내온 시간 동안 느낀 감정과 생각을 부모와 나누고 싶습니다. 도움을 주고 싶습니다. 번듯하고 효과적인 방법은 아닙니다.

이 책엔 별다른 교육적 방법이나 기법은 나오지 않습니다. 교실에서 아이들이 어떤 모습으로 살고 있는지, 아이의 모습에서 부모의 모습이 어떻게 드러나는지 알려 드리고 싶습니다.

저와 함께 우리 아이들에 관한 긴 이야기를 나누시겠습니까?

차례

프롤로그 _ 학부모를 이해하는 교사가 되기까지   5

1장

아이를 보면
부모가 보입니다

성장 스트레스 17   아이의 자존감 & 부모의 자존감 23

아이는 학교에서 어떻게 바뀔까요? 32   열 살의 비밀 38

누구나 이상한 부모가 될 수 있습니다 44   아이를 잘 키우는 방법 58

부모 역할의 어려움 65   아이의 이성교제 71

어른을 대하는 아이의 전술 80   손해만 보는 순진한 아이? 88

상담받고 검사받아야 합니다 92   아이 잡는 영재교육 97

두 엄마 이야기 107

2장

아이의 학교생활
그리고 공부

초등학교는 기초와 기본을 배우고 익히는 곳입니다 117

사회정서학습(SEL)을 들어보셨나요? 123   공부와 다이어트의 공통점 132

수업이 재미없는 아이 136   아이들은 어떤 과목을 싫어할까요? 143

학원 3개월의 법칙 148   공부의 중간 152

우리 아이를 위한 개별화 교육 158

공부의 탁월함과 태도의 탁월함에 관하여 163　　 인사가 만사 168

공부를 잘하기 위한 제1 조건 178　　 책상과 사물함 정리의 중요성 183

3장　부모님께 드리고 싶은 열 가지 당부

아이를 돌보려고 하지 마세요 189　　 옆집 엄마를 조심하세요 194

죄책감을 버리세요 199　　 아빠가 해야 할 일이 있습니다 205

부모가 못했던 것은 아이도 못합니다 210　　 쿨하지 마세요 218

사랑한다는 말에 담긴 의미를 생각합니다 223

적극적인 무관심과 애타는 인내심을 연습해야 합니다 229

일상의 위대함을 믿으세요 238

좋은 부모가 되는 방법이 있습니다 242

에필로그 _ 그래서 희망은 부모입니다　247

1장

아이를 보면
부모가
보입니다

●

많은 부모님들이 아이에 대해 잘 안다고 생각합니다. 하지만 집에서 보는 아이와 학교에서의 모습은 다를 수 있습니다. 어른도 집에서 쉴 때와 직장에서 일을 할 때가 같지 않습니다. 아이도 마찬가지입니다. 학교는 직장과 비슷한 사회적 공간입니다. 그런데 부모는 아이가 학교에서 어떤 모습을 하고 있는지 모릅니다. 그래서 걱정되고 불안할 수밖에 없습니다.

아이는 학교에서 다양한 모습을 보여 줍니다. 그중 가장 도드라지는 것이 바로 아이가 부모와 어떤 관계를 맺고 있는지 엿볼 수 있다는 점입니다. 아이는 부모와 관계 맺은 경험을 바탕으로 다른 사람들과 관계를 맺습니다.

성장 스트레스

우리는 스트레스 속에 살고 있지만 스트레스가 어디에서 오는지 잘 모를 때가 있습니다. 외부로부터 받은 스트레스보다 내부에서 생긴 스트레스로 힘들 때가 더 많습니다. 그렇다면 내부에서 생기는 스트레스는 어떤 것일까요? 잠시 상상력이 필요한 순간입니다.

아침에 일어나서 거울을 보니 뾰루지가 무려 두 개나 났다고 생각해 보세요. 아마 외출하고 싶지 않을 정도로 스트레스를 받을 겁니다. 만약 약속이 있다면 어떤 선택을 할까요? 약속을 어겨도 될 만한 핑계를 만들지도 모릅니다. 갑자기 아프다고 하면 적당한 위로도 받고 지키지 못한 약속의 의무에서도 벗어날 수 있지 않을까 생각할 겁니다.

그런데 정작 더 큰 스트레스의 원인은 다른 곳에 있습니다. 바로 체중계입니다. 체중계는 우리에게 아주 큰 스트레스를 주는 도구입니다. 평소 머릿속으로 생각하던 체중의 숫자가 하나라도 더 늘어나면 스트레스를 받지만 그것보다 더 큰 건 체중의 앞자리가 바뀌는 순간입니다. 아마 절망도 이런 절망이 없을 겁니다. 하지만 여기가 바닥이 아닙니다.

체중계보다 더 무서운 스트레스는 바로 옷 치수입니다. 더 이상 평소 입던 사이즈의 옷을 입지 못할 때가 왔을 때, 아무리 숨을 들이 마셔도 바지 지퍼를 올리기 어렵고 셔츠가 터질 것 같으며 옆구리 살이 울룩불룩 튀어나와 옷의 맵시는 고사하고 옷 입는 자체가 힘들 어질 때 스트레스는 한계치까지 올라갑니다. 옷 치수를 바꾼다는 건 인생에 있어 가장 큰 어려움과 역경의 순간이 될 수 있습니다.

생각해 보면 아이는 매년 키가 몇 센티미터씩 크고, 몸무게는 몇 킬로그램씩 늘어납니다. 그래서 한 계절만 지나도 옷과 신발이 맞지 않습니다. 얼굴에 뭔가 나기 시작하는 시기가 오면 마음은 더 심란 해집니다. 부모는 아이가 자라는 것을 보고 기뻐하기도 하고, 한편 으론 새 옷과 신발을 준비해야 하는 부담도 가집니다. 아이 얼굴에 여드름이 생기면 어떻게 치료해야 할까 고민하기도 합니다. 그런데 정작 아이는 어떤 마음인지 생각해 보지 않습니다.

얼굴에 뾰루지가 나고 체중계의 눈금이 바뀌고 옷 치수가 맞지 않 는 건 대부분의 어른들에게 엄청난 스트레스인데 이를 아이에게도 적용하는 분들은 거의 없습니다. 놀랍지 않나요?

아이는 성장 자체가 스트레스입니다. 당연히 키와 몸무게는 늘어 나는 것이고, 여드름은 올라오는 것이며, 옷과 신발은 바꿔 주면 되 는 것이라고 생각한다면 아이가 가지고 있는 성장 스트레스에 대해 받아들일 준비가 안 되어 있는 것입니다.

아이의 학교생활을 어른의 직장생활에 빗대어 풀어 볼까요?

매년 사장이 바뀌는 회사에 다닌다고 생각해 봅시다. 그런데 이 회사는 매번 같은 업무를 시키지 않습니다. 매시간, 매일, 매주, 매월, 매 학기, 매년 똑같은 업무를 하지 않고 조금씩 다른 업무를 합니다. 업무를 하고 나면 매번 평가를 받습니다.

분명 업무표에는 국어, 수학, 사회, 과학 등 열 가지 정도의 업무가 적혀 있는데 실제로 해 보면 더 다양합니다.

거기다 머리만 쓴다고 업무를 할 수 있는 것도 아닙니다. 오리고, 붙여 꾸미기는 기본이고 사장과 다른 직원들 앞에서 노래를 부르기도 하고 안 움직이는 몸으로 구르기도 해야 합니다. 업무가 익숙해질 만하면 다른 업무를 시키고 익숙해져 재미있을 만할 때 하기 싫은 업무가 떨어집니다.

원래 업무는 마음에 맞는 직원들과 함께하면 더 좋습니다. 그런데 이 회사의 사장은 그렇게 두지 않습니다. 한 달에 한 번 자리를 바꾸기도 하고 어떤 날은 모둠 활동이라며 책상을 다 치우고 바닥에 앉아서 업무를 보라고 합니다. 또 어떤 날은 사장 책상 옆으로 자리를 바꾸기도 합니다. 세상에 사장 옆에서 업무를 본다고 생각해 보세요. 끔찍합니다.

사장의 취향은 또 얼마나 까다로운지 사사건건 간섭하고 지시합니다. 거기다 업무 결과는 매번 검사를 받고 결과는 일 년에 두 번 종이로 출력되어 나옵니다.

그런데 왜 업무 결과를 부모님에게 알려 주냐구요! 안 그래도 회사생활 못할까 봐 안절부절못하는 부모님에게 업무 결과표를 주면 꼴이 뭐가 됩니까?

더욱더 속상한 일은 뭔지 아세요? 업무를 마치고 스트레스 받았을 땐 집에 가서 푹 쉬거나 동료들과 술이나 차를 마시면서 수다를 떨거나 놀면 좋을 텐데 오전에 했던 업무와 같은 업무를 하는 다른 회사로 다시 출근을 해야 한다는 사실입니다. 이게 말이 됩니까?

그런데 놀라운 사실은 12년 동안 다녀야 할 이 회사는 마음대로 사표를 쓰지도 못한다는 겁니다.

부모는 아이가 성장하는 것과 학교에 다녀야 하는 것을 당연하게 생각합니다. 맞습니다. 당연합니다. 더욱이 부모도 아이와 같은 시절을 거쳤습니다. 12년 동안 학교를 다녔으며 대학, 대학원까지 공부한 경우도 어렵지 않게 찾아볼 수 있습니다.

"누구나 다 하는 건데 뭐가 그렇게 힘들어?"

이런 말과 생각이 아이의 맘을 닫게 합니다. 부모의 걱정은 그 끝이 보이지 않을 만큼 깊고 넓지만 아이가 고민하는 것을 풀어 주지 않으면 말뿐인 걱정이 되고 맙니다.

"아직 어린데 잘할 수 있을까?"

부모의 걱정 중 가장 많은 비중을 차지하는 것이 어려서 못할 것이라는 걱정입니다.

오랫동안 교실에서 아이를 지켜본 저는 오히려 어른보다 아이의 강점을 먼저 봅니다. 그건 바로 감정의 항상성homeostasis과 회복탄력성resilience입니다.

항상성이란 체온이 높을 때 땀을 흘리게 하고 체온이 낮을 때 몸을 떨어 떨어진 체온을 원래의 상태로 유지하는 성질을 말합니다. 감정의 항상성이란 체온과 마찬가지로 흥분되거나 불안할 때 다시 원래의 차분한 상태로 감정을 유지시키는 성질인데 그 과정을 회복 탄력성이라고 합니다.

그렇다면 감정의 항상성과 회복탄력성은 아이와 어른 중 누가 높을까요?

단연코 아이가 훨씬 높습니다.

교실의 상황을 보면 이렇습니다. 두 아이가 어떤 이유로 1교시에 싸웠습니다. 두 아이가 어떤 과정을 통해 2교시에 화해를 했습니다. 그 두 아이는 3교시에 협동학습을 잘하고 점심시간에는 같이 공을 차고 놀기까지 합니다.

그럼 이걸 어른의 상황에 빗대어 보겠습니다.

직장에서 두 사람이 싸웠을 때 어떤 결과가 나올까요? 아마 학교 교사들끼리 싸웠다면 그중 한 명은 다른 곳으로 전근을 가야 끝날 겁니다.

윗집, 아랫집이 층간 소음으로 싸웠다면 결과는 어떻게 될까요? 심하게 싸우면 어느 한 집은 이사를 가야 끝이 납니다.

어른은 아이에 비해 감정의 항상성과 회복탄력성이 낮습니다. 그래서 될 수 있으면 서로 감정이 상하지 않도록 예의와 규칙을 지키려고 노력합니다. 싸우고 나면 이전의 감정으로 회복하기 어렵다는 걸 알기에 더 두려워하는지도 모릅니다.

성장 자체가 스트레스라는 아이의 상황을 부모가 인정해 주면 아이는 감정의 항상성과 회복탄력성으로 힘든 시절을 이겨 나갈 수 있습니다. 부모가 그렇게 커 왔던 것처럼 말이죠.

아이의 자존감
& 부모의 자존감

자존감이란 말, 많이 들어보셨죠? 자아 존중감의 약자인데, "자신을 얼마나 괜찮은 사람으로 생각하는가?"에 대한 스스로의 느낌입니다. 자존감은 아이의 성장과 관계 맺음에 있어 매우 중요한 요소입니다.

자존감에 대해 좀 더 알아보겠습니다.

아기 때는 자신이 어떤 존재인지 잘 모릅니다. 타인 즉 부모가 어떤 모습으로 바라보는지에 따라 아기는 자신의 모습을 느낍니다. 부모가 웃어 주면 아이는 따라 웃고, 부모가 찡그리면 같이 찡그립니다. 아기는 자신이 어떤 모습인지 모른 채 부모를 거울처럼 생각하며 자신을 비춰 봅니다. 자존감은 이런 원리로 형성됩니다. 즉 부모가 자신을 어떻게 바라보느냐에 따라 긍정적인 혹은 부정적인 자존감이 형성됩니다. 더 간단하게 자신을 좋은 사람으로 생각하느냐 나쁜 사람으로 생각하느냐의 차이입니다.

자존감을 이루는 두 개의 큰 기둥이 있습니다. 하나는 '나는 얼마나 사랑받는 존재인가'에 대한 것이고, 또 하나는 사랑받는 존재를 바탕으로 '나는 무엇이든 할 수 있는 존재'라고 느끼는 것입니다. 앞의 것은 부모에게 받는 사랑이라면 뒤의 것은 사랑받는 존재임을 바탕으로 한 자신감입니다.

생각해 보면 인생의 가장 어려운 첫 번째 시기는 아이가 스스로 걸음마를 할 때가 아닐까 싶습니다. 이때 누구의 도움도 없이 혼자 걷는 아이를 보며 부모는 어떤 마음이었을까요?

'그래 잘한다. 조금만 더 힘을 내!'

부모는 아이의 도전에 박수 치고 환호합니다. 겨우 한 발짝 뗀 아이의 발걸음을 대견해 하고 격려도 아끼지 않습니다. 넘어져서 울음이 나오려 할 때 쳐다본 부모의 얼굴에서 용기를 얻어 다시 도전합니다. 부모의 사랑을 바탕으로 아이는 자신이 괜찮은 존재임을 느끼고 걸음마에 도전합니다.

이런 과정이 쌓이고 쌓여 긍정적인 자존감이 형성됩니다. 부모에게 격려와 칭찬을 많이 받은 아이는 긍정적인 자존감이 쌓이고 못하게 하거나 혼이 많이 난 아이는 부정적인 자존감이 쌓이게 됩니다.

긍정적인 자존감은 실수와 실패의 연속인 삶 속에서 다시 도전할 용기와 교훈을 얻는 데 큰 힘이 됩니다. 긍정적인 자존감이 정말 큰 위력을 발휘하는 것은 아이가 학교에 들어갈 때입니다. 가정에서 어떤 모습으로 지냈든 학교에 입학하는 순간 아이의 자존감에 위기가 찾아옵니다. 낯선 아이들과 교사를 만나는 학교라는 공간은 익숙해지기 전까지 불안합니다. 그래서 긍정적인 자존감을 가진 아이든, 부정적인 자존감을 가진 아이든 학교라는 공간에서 살아남기 위해 또 하나의 감정을 장착합니다. 바로 자존심입니다. 자존심은 스스로 무너지지 않으려는 마음입니다.

학교에 온 아이는 다른 아이들과의 관계, 교사와의 관계에서 가장 먼저 불안감을 느낍니다.

'잘할 수 있을까?'

'내가 이상하게 보이지 않을까?'

'친구(선생님)들과 잘 지낼 수 있을까?'

아이는 이런 불안감을 드러내지 않고 무너지지 않기 위해 센 척, 잘하는 척, 겁나지 않은 척, 걱정하지 않은 척을 해야 합니다. 이때의 불안감은 지고 싶지 않거나, 못하는 것을 인정하고 싶지 않아서 생기는 감정입니다. 이처럼 교실 안에서는 자존감이 긍정적인 아이든, 부정적인 아이든 자존심이란 가면을 쓰고 있습니다.

그런데 동시에 아이는 이중적인 마음을 가지고 있습니다. 가면 속 자신의 모습을 들키지 않을까 불안해 하면서도 다른 아이와 노는 것은 무엇과도 바꿀 수 없는 즐거움입니다.

긍정적인 자존감을 가지고 있는 아이는 자신은 좋은 사람이라고 생각합니다. 그래서 타인을 만나면 타인도 좋은 아이라고 생각해 거부감 없이 자신을 표현합니다. 부정적인 자존감을 가지고 있는 아이는 자신은 나쁜 아이라고 생각합니다. 그래서 타인을 만나면 타인도 나쁜 아이라고 생각해 쉽게 마음을 열지 않습니다. 긍정적인 자존감을 가진 아이끼리는 서로 좋은 아이라고 생각하고 거부감이 없기 때문에 잘 지냅니다.

그렇다면 긍정적인 자존감을 가진 아이와 부정적인 자존감을 가진 아이가 교실에서 만나면 어떤 일이 벌어질까요? 부정적인 자존감을 가진 아이 중에 욱하는 성질을 가진 아이가 있습니다. 욱하는 성질을 가진 아이 본인은 많이 참는다고 생각합니다. 욱하는 감정은 자신의 기분을 잘 표현하지 못해서 뭉쳐진 부정적인 감정의 덩어리입니다. 평소에는 꾹꾹 눌러 담고 있지만 한계점을 넘는 순간 폭발해 버립니다. 충동적인 성격인 경우가 많아 많이 혼나거나 인정받지 못할 때 욱하는 감정은 더 커집니다.

긍정적 자존감을 가진 아이는 처음엔 욱하는 아이도 좋은 아이라고 생각합니다. 그래서 친근하게 대합니다. 그러나 욱하는 아이는 긍정적 자존감을 가진 아이를 좋은 아이라고 생각하지 않습니다.

'쳇, 재수 없게 잘난 척하긴!'

이런 생각을 가지고 있는 욱하는 아이는 긍정적 자존감을 가진 아이를 폄하하고 자기보다 약하다고 느끼면 함부로 대합니다. 당연히 관계는 끊어집니다. 그렇다면 이때 긍정적인 자존감을 가진 아이는 상처받을까요?

잠시 그럴지라도 금방 회복합니다. 주변에 다른 긍정적인 자존감을 가진 아이들로부터 위로도 받고 또 스스로 가진 감정의 항상성과 회복탄력성이 높기 때문입니다. 부정적인 자존감을 가진 아이의 유형 중에 가장 위험한 것은 무기력한 아이입니다. 무기력한 아이는 겉으로 보기엔 내성적인 아이와 비슷해 보이지만 전혀 다릅니다. 내성적인 성향은 신중하기 때문에 결정이 늦어지는 것이지 결정과 판단 자체를 미루진 않습니다. 그러나 무기력한 아이는 실수와 실패에 대한 두려움 때문에 시도 자체를 안 하려 합니다. 그러니 결정이나 판단도 미루려 합니다. 책임질 일은 하지 않으려 하죠.

긍정적인 자존감을 가진 아이와 무기력한 아이가 만납니다. 역시 긍정적 자존감을 가진 아이는 무기력한 아이에게 잘해 줍니다. 그러나 무기력한 아이는 반응하지 않습니다.

그래도 긍정적인 자존감을 가진 아이는 무기력한 아이에게 계속 잘해 줍니다. 잘해 주면 잘해 줄수록 무기력한 아이는 혼돈이 생깁니다.

'내가 나쁜 아이라는 걸 저 아이가 눈치채면 어떻게 하지?'

욱하는 아이와 마찬가지로 무기력한 아이도 자신은 좋은 아이가 아니라고 생각하기 때문에 타인의 선한 행동에 좋은 반응을 보이지 않습니다. 그러나 욱하는 아이와는 달리 표현을 잘 하지 않기 때문에 배려와 관심을 받을 수 있습니다. 상대의 호의가 계속될수록 무기력한 아이는 불안감이 높아지고 급기야 스스로 관계를 단절합니다.

긍정적인 자존감을 가진 아이는 이런 무기력한 아이와의 관계 단절에도 상처를 덜 받고 회복도 빠릅니다. 부정적인 자존감을 가진 아이들이 아니더라도 타인에게 충분한 호의와 관심을 받고 있기 때문이죠.

교실에는 욱하는 아이와 무기력한 아이가 남았습니다. 어쩔 수 없이 관계를 맺고 놀아야 합니다. 그렇지 않으면 놀 사람이 없습니다. 사실 욱하는 아이는 다른 욱하는 아이와 무기력한 아이를 싫어하고 무기력한 아이도 욱하는 아이와 다른 무기력한 아이를 싫어합니다. 그러나 교실에 있는 긍정적인 자존감을 가진 아이와 놀려고 하지 않습니다. 욱하는 아이와 무기력한 아이는 서로가 서로를 싫어하다 보니 놀더라도 꼭 다툼으로 연결됩니다.

'저도 잘못했지만 쟤가 더 잘못했어요.'

교실에서 부정적인 자존감을 가진 아이들끼리 다툼이 생기면 늘 듣는 말입니다.

이걸 다른 말로 옮기면 이렇습니다.

'저도 나쁜 아이지만 저 아이는 더 나빠요.'

자신의 잘못보다 타인의 잘못이 더 크다고 생각하고, 자신보다 타인이 더 나쁜 아이이기 때문에 욕하거나 때려도 잘못이 덜하다고 생각합니다.

교실에서 부정적인 자존감을 가진 아이를 많이 봅니다. 부정적인 자존감이 있다고 해서 인생을 실패하며 사는 것은 아닙니다. 그러나 쉽게 해결할 수 있는 것을 어렵게 해결해야 합니다. 타인의 의도를 부정적으로 생각해서 발생하는 수없이 많은 시행착오를 거쳐야 하기에 학교생활도 힘들게 해 나갑니다.

부정적인 자존감을 가진 아이는 필연적으로 조화로운 인성 발달에 어려움을 겪습니다. 특히 실수와 실패를 두려워하고 감정을 드러내는 자체를 힘들어 하기 때문에 자존심만 세워 버리기 쉽습니다.

자존감은 가정과 부모와의 관계 속에서 긍정적으로 형성하는 것이 가장 바람직합니다. 아이가 부모에게 원하는 사랑과 믿음의 강도는 교사에게 바라는 것과는 그 결이 다르기 때문입니다. 그래도 방법은 있습니다. 교사와 부모가 마음을 합쳐 아이를 대하는 방법을 연구할 수 있습니다. 그러기 위해서는 아이의 상황에 대한 교사와 부모의 교류가 필요한데 이것이 쉽지 않습니다. 아이가 부정적인 자존감을 가지고 있으면 부모 역시 부정적인 자존감을 가진 경우가 많기 때문입니다.

아이에게 학교생활이나 교우관계 또는 학업 문제가 발생하면 부모는 보통 친구를 잘못 만났거나, 학교나 교사가 대처를 잘못한 경우라고 생각합니다. 이런 인식은 부모와 교사 사이에 불신의 원인이 됩니다.

예를 들면 '우리 아이가 선생님께 차별대우를 받는 것이 아니냐?', '선생님이 칭찬보다는 질책으로 우리 아이를 대하는 것이 아니냐?', '못된 친구들 때문에 우리 아이가 소극적으로 생활하는 것이 아니냐?', '집에서는 잘하는데 학교에서 부적응한 것은 학교의 대처가 미흡한 것이 아니냐?', '우리 아이는 잘하는데 다른 아이들 때문에 고통받는다', '우리 아이는 특별하기 때문에 무조건 관심을 가지고 지도해 달라', '선생님의 지도방식을 믿지 못하겠다' 같은 것들입니다.

이런 경우 부모와 상담을 하다 보면 답답한 경우가 많습니다. 부모가 부정적인 자존감을 가졌을 경우 교사와의 상담 시 어떤 반응을 보일까요? 욱하는 아이처럼 행동하거나 무기력한 모습을 보일까요? 부정적인 자존감을 가진 부모일수록 아이의 상황을 설명하는 교사의 말을 믿지 못하거나 지나치게 좌절, 혹은 부정하거나 격앙된 반응을 보입니다.

'아이의 잘못은 바로 나(부모)의 잘못이라고 사람들이 비난할 거야' 같은 마음이 바닥에 깔려 있습니다.

교사가 들려주는 부정적 자존감의 사례를 부모가 자신에 대한 비난으로 생각하면 그때부터 갈등이 생깁니다. 갈등이 내재된 상태에서는 더 이상 상담을 진행하기 어렵게 됩니다. 결국 교사는 아이의 잘못이 크게 우려스럽게 변하지 않는 한 부모에게 알리지 않습니다.

그렇지만 교실 현장에서는 곤혹스러운 일들이 계속 일어납니다. 부정적 자존감을 가진 아이는 사실 사랑과 관심에 굶주려 있습니다. 그런 경우, 아이는 다른 어른인 교사의 관심을 받기 위해 노력합니다. 그러나 타인을 좋은 사람으로 생각하지 않듯 교사도 좋은 사람이 아니라 생각하기 때문에 좋은 선생님인지 끝까지 시험해 보려고 합니다.

그걸 모르는 교사라면 매우 버릇없는 아이라고 생각할 것이고 그걸 아는 교사도 부정적 자존감을 가진 아이의 마음을 오래 어루만지기 어렵습니다. 교사의 관심에 민감하고 '기계적인 평등'에 익숙한 아이들의 시선을 무릅쓰고 부정적인 자존감의 아이들을 계속 두둔한다는 것은 공정성에 바탕을 둔 교사의 권위를 위협할 수 있는 부정 요소이기 때문입니다.

이때 교사가 다른 아이들에게 부정적인 자존감을 가진 아이를 이해하라고 어설프게 설득했다가는 아이들과 부모 양쪽에서 불신을 받게 되기 딱 좋은 경우가 됩니다.

아이의 자존감과 부모의 자존감은 매우 큰 연관을 가집니다. 가정에서 긍정적인 자존감을 충만하게 쌓은 아이가 아닌 부정적 자존감의 아이라도 교사와 부모가 동업자 정신을 가지면 학교생활을 원만히 할 수 있습니다. 교사와 부모가 서로 믿지 못하면 아이는 방치되고 맙니다. 누가 먼저 손을 내밀어야 하는지 순서를 정하다가 골든타임을 놓칠 수 있습니다. 누구든 먼저 손을 내밀어야 하고 내민 손을 잡아야 합니다. 아이의 가능성과 문제점을 솔직하게 드러내고 편견 없이 들을 수 있는 용기가 필요합니다.

아이는 학교에서 어떻게 바뀔까요?

아이는 초등학교 1학년에서 6학년까지 여러 번 바뀝니다. 하루에 열두 번도 넘게 변한다고 하지만 변덕에 가까운 그런 변화 말고 어떤 틀을 깨는 때가 있습니다.

보통 초등학교에서는 적응, 혼돈, 개별화의 3단계로 변합니다. 아이들의 성장 수준이나 인지능력, 성별에 따라 조금씩 다르긴 하지만 대략적으로 크게 변하는 단계가 있습니다.

먼저 적응 단계를 보겠습니다.

적응은 익숙하지 않은 조건이나 환경에 자신을 맞추는 것을 말합니다. 아이의 처지에서 보면 학교라는 익숙하지 않은 공간에 적응해야 합니다. 물리적인 상황보다 더 적응하기 어려운 것은 교사와 또래 아이들입니다. 부모와는 다른 교사에게 적응해야 합니다. 나와 비슷하면서 다른 아이들과도 적응해야 합니다.

적응의 방식은 각자 다를 수 있으나 분명한 것은 '내 마음대로 할 수 없음'에 적응해야 한다는 것입니다. 부모 입장에서는 이 말이 불편하게 들릴 수 있습니다. 아이가 가진 잠재력을 끌어내어 성장하도록 돕는 것이 아니라 마음대로 할 수 없음부터 적응해야 한다는 것을 받아들이기 어렵습니다. 그러나 여기서 말하는 '내 마음대로'는 공공의 약속에 반하는 이기적인 '내 마음대로'를 말합니다. 강압적인 방법으로 적응을 유도하지는 않습니다. 교사는 아이가 적응할 수 있도록 상황과 분위기를 만들어 줍니다. 그런 과정을 통해 '내 마음대로'를 제대로 쓸 수 있도록 조절하는 능력을 기릅니다.

내 마음대로 하지만 또래 친구들과 어울릴 수 있는 능력, 내 마음대로 하지만 선생님과 관계를 맺을 수 있는 능력, 내 마음대로 하지만 규칙과 규율을 지키며 자율성을 찾아가는 능력을 익힙니다. 이런 적응 과정은 학년이 올라가더라도 그 중요성이 사라지지 않습니다.

적응 과정은 아름다운 과정이 아닙니다. 생존 과정이기 때문에 아이는 나름 스트레스가 심합니다. 부모와 다른 선생님과 나와 다른 친구들에게 적응하는 것이 힘들지만 선생님께 칭찬받고 다른 친구들과 노는 것은 무엇과도 바꿀 수 없는 즐거움이기에 어려운 적응 과정을 이겨 나갑니다.

이 과정을 거치고 나면 얼마간의 안정기를 가집니다. 그러나 곧 몸과 마음이 꿈틀거리기 시작하는 시기가 옵니다. 이때를 혼돈기라고 부릅니다. 혼돈 시기는 겉으로 잘 드러나지 않습니다. 우린 보통 옳은 것이 옳은 것이라고 생각합니다. 배우고 익히는 거의 대부분의 규칙과 법칙은 옳은 것에 대한 이야기입니다. 몸과 마음을 잘 관리해야 하고, 친구와는 사이좋게 지내야 하며, 웃어른을 공경하고 부모님께 효도해야 한다고 배웁니다. 질서와 규칙은 지켜야 하고 공부도 열심히 해야 하며 늘 좋은 생각을 하고 꿈과 끼도 가꾸어야 한다고 생각합니다. 그러나 이걸 해야 하는 아이는 옳은 것에 대한 의문이 듭니다. 몸과 마음을 관리하라고 하는데 어른들은 잘 안 하고, 친구와 웃어른과 부모에게 잘하라고 하는데 어른들은 잘하는 것 같지 않고, 질서와 규칙을 지키라고 하면서 어른들은 종종 어기고, 공부하라고 하면서 어른은 하지 않습니다.

"왜 건널목도 아닌데 건너요?"

규칙을 지키지 않는 어른을 본 아이가 질문을 합니다.

"여긴 그냥 건너도 되는 곳이야."

뜨끔하면서도 아이에게 대충 둘러대는 순간 아이는 새로운 것을 배웁니다.

'어른들은 익숙한 것을 옳다고 하는구나.'

배움이 늘어날수록 이런 혼돈 상황은 늘어 갑니다.

교과서에 성역할, 성차별, 양성평등이 나오는 4학년 무렵이면 아이도 가정의 역할 분담을 어떻게 해야 하는지 배웁니다.

집에서 보는 모습이 책에서 배운 모습과 다를 때 아이는 혼란스럽지만 겉으로 잘 드러내지 않습니다.

그러나 내적으로부터 변화가 옵니다. 조금씩 닳아 없어지는 비누와 같습니다. 비누는 아주 조금만 남아도 비누입니다. 그러나 다 닳아 없어지면 우리가 알고 있던 비누는 없습니다. 배운 것과 달라도 표현하지 못하던 혼돈의 시기가 끝나면 아이는 어른이 알고 있던 모습과는 전혀 다른 아이가 됩니다. 이를 두고 흔히들 사춘기라고 부르지만 아이는 이미 오래전부터 변하고 있었습니다.

　마지막 단계가 개별화입니다. 개별화는 아이가 비로소 독립적인 어떤 형태를 띠는 단계입니다. 개별화의 단계에 진입한 것을 알 수 있는 결정적인 증거가 있습니다. 그건 스스로 선택하고 책임지는 자세와 상황을 온전히 받아들이는 태도입니다. 나이는 아이지만 어른스러워졌다는 느낌을 받습니다. 실제 이런 아이는 부모나 교사와 수평적인 관계를 유지하는 능력이 생깁니다.

　혼돈 단계에서 개별화 단계로 변화하는 과정을 사춘기라 부릅니다. 콩이 된장이 되고, 우유가 요구르트가 되듯 사춘기는 숙성의 과정입니다. 그런데 이 과정은 아름답지 않습니다. 썩는 것과 삭는 것은 종이 한 장 차이입니다. 혼돈기를 거쳐 개별화 단계까지 온 아이는 전혀 다른 모습을 보입니다. 개별화 단계의 아이는 의존적이지 않고 독립적인 특징을 갖습니다.

　물론 초등학교 시절 적응, 혼돈, 개별화의 과정을 모두 거치는 것은 아닙니다. 적응의 시기만 보내는 아이도 가끔 있고 개별화 과정을 채 시작하기도 전에 졸업하는 경우도 있습니다.

　아이의 특성, 부모와 관계 형성, 교사와 친구, 학교의 환경적 요인 때문에 개인차가 있습니다. 그중 변화의 단계에 가장 큰 영향을 끼치는 것은 초반에는 부모와의 관계이지만 점점 아이의 특성이 중심을 차지하게 됩니다. 이건 아이의 입장에서 바라봐야 합니다. 적응을 하는 시기는 아이도 두렵지만 부모도 두렵습니다.

　아이는 학교라는 공간에 몸으로 뛰어들어야 하고 그런 아이를 대신할 수 없는 부모는 걱정이 더 커집니다. 막상 몸으로 겪는 적응은 생각보다 어렵지 않습니다. 특히 강한 감정의 항상성과 회복탄력성은 여기서도 적응 과정에 큰 도움을 줍니다. 도움을 주긴 하지만 순간순간 힘들고 어렵습니다.

하루를 돌이켜 보면 좋은 순간도 있고 안 좋은 순간도 있습니다. 적응 과정에서 부모와의 관계가 중요한 이유는 여기에 있습니다.

"학교에서 무슨 일이 있었니?"

글에는 감정이 없지만 이걸 물어보는 부모의 표정과 뉘앙스, 목소리의 높낮음에 아이는 부모가 어떤 걸 물어보는지 알 수 있습니다. 부모가 걱정이 앞서면 부정적인 예상을 하게 되고, 부모가 믿음이 앞서면 긍정적인 예상을 하게 됩니다. 아이는 부모가 원하는 답을 하게 됩니다. 거짓말을 하는 것은 아닙니다. 좋은 순간도 나쁜 순간도 있었습니다.

부모의 걱정은 아이로 하여금 부정적 감정을 떠올리게 하고 그것은 학교에서 적응을 더 어렵게 합니다. 반대로 아이가 먼저 부정적 감정을 부모에게 쏟아붓습니다. 아이의 처지에서 보면 매우 합리적인 행동입니다. 자신이 가장 믿는 부모에게 안 좋은 감정을 쏟아 버리고 위로받고 싶은 것이죠.

"○○이가 힘들었겠구나. 그래서 엄마(아빠)가 그 친구를 막 혼내주길 원하니?"

다툼이 있었던 친구를 고자질하던 아이가 부모에게 이런 말을 들었을 땐 거의 대부분 마음의 안정을 얻습니다.

혼돈의 시기가 오면 아이는 갑자기 말수가 적어지거나 부모와의 관계가 소원해집니다. 민감한 부모는 이 시기를 사춘기라고 여기는데 아이가 자기 자신을 찾는 시기이기 때문에 감정의 진폭이 큽니다. 적응기를 잘 보낸 아이도 혼돈의 시기에 부모와 갈등을 겪기도 합니다.

아이의 마음이 점점 떠나간다는 것을 느끼면 대부분의 부모는 당황합니다. 그래도 정색하거나 따끔하게 말하면 듣고 시키는 것도 곧잘 했던 아이가 완전히 바뀌고 나면 더 당황합니다.

개별화 시기가 오면 아이인데 아이처럼 느껴지지 않습니다. 잔소리와 참견, 간섭이 어려워집니다. 사실 이 시기는 아이가 부모로부터 심리적으로 독립을 한 것입니다.

열 살의 비밀

혼돈의 단계를 좀 더 자세히 알기 위해선 열 살 무렵을 주목해야 합니다.

많은 발달심리학자들은 열 살 무렵의 변화에 대해 관심을 가졌습니다. 인지능력이 늘어나고 관계 형성의 우선순위가 바뀌며 타인의 관점에서 생각할 수 있는 도덕성도 생깁니다. 무엇보다 중요한 것은 감정이 복잡해진다는 점입니다. 교실에서 아이들을 직접 관찰해 보면 더 구체적으로 예를 들 수 있습니다.

일단 초등학교 3학년과 4학년이 배워야 할 부분에서 무엇이 어떻게 달라지는지 대략 살펴보겠습니다.

3학년까지는 활동 자체만으로도 좋은 평가를 받았습니다. 주말에 무슨 일이 있었는지 발표하고, 뛰고 달리기를 할 줄 알며, 활동에 적극적으로 참여하는 것으로 공부의 상당 부분이 해결됩니다. 즉 적응을 잘하면 공부도 잘하는 것이 됩니다. 물론 수학은 비교적 논리적 사고를 가져야 하지만 4학년 때에 비하면 낮은 수준입니다.

그렇다면 과연 4학년은 무엇을 배우기에 아이들이 혼란에 가까운 어려움을 느낄까요?

먼저 수학은 만10,000 이상의 수를 배웁니다. 이건 획기적인 사고의 전환이자 발전입니다. 만 이상의 수는 손가락, 발가락으로 해결되지 않는 영역의 수이며 눈대중으로 어림할 수 없는 수 영역입니다. 만 이상의 수를 배운다는 건 논리적 사고를 해야 한다는 뜻입니다.

수학만 그런 것이 아닙니다. 국어도 논리적 사고가 필요한 시기입니다. 단순히 읽고 쓰는 것에서 벗어나 중심 생각을 찾고 글을 논리적으로 읽고 쓰는 초기 과정이 나옵니다. 과학도 자연 현상을 관찰하면서 그에 따른 과학적 현상에 대한 탐구 과정이 전개됩니다.

더욱더 확장성이 커지는 것은 바로 사회입니다. 정치, 사회, 경제의 개념을 배우며 성역할, 성차별, 양성평등 등 현실 사회의 구체적인 면이 드러납니다.

수학을 필두로 해서 국어, 사회, 과학 등 시간 수가 많은 과목이 급격히 어려워집니다. 어려워지니 미리 공부를 시켜야 한다는 말은 아닙니다. 감정이 흔들리는 이 시기에 추상적이고 논리적인 사고를 해야 하는 교과와 맞물리면서 이전에 볼 수 없었던 아이의 새로운 모습을 발견할 수 있습니다.

3학년에 비해 4학년 아이들은 겉보기에 훨씬 어른스럽습니다. 주말에 무슨 일이 있었는지 발표를 시키면 이구동성으로 자기 이야기를 하는 아이들을 3학년에서는 흔히 볼 수 있지만 4학년이 되면 그 수가 확 줄어듭니다. 발표를 하더라도 맞는지 틀린지 조심스러워하는 아이가 많고 다른 아이들의 눈치를 보는 경우도 허다합니다.

교사의 말도 잘 듣고 규칙도 잘 지키고 모둠 활동이나 협동학습도 3학년 이전보다 더 잘됩니다. 그러나 내면의 감정은 좀 다릅니다. 긍정적인 자존감을 가진 아이도 열 살 무렵이 되면 급격히 자존감이 낮아집니다.

'못하면 어떻게 하지?'

'내가 못한다고 비웃지 않을까?'

'이걸 못하면 친구들이 날 놀릴 거야.'

그렇게 자기 이야기를 먼저 하려던 아이들이 어느 순간 집단적으로 입을 닫고 교사만 멀뚱멀뚱 쳐다본다고 생각해 보세요.

긍정적인 자존감을 가진 아이가 특별한 이유도 없이 우유부단한 모습을 보이거나 감정의 기복이 심하게 나타나는 경우가 있습니다. 학교에서는 특별한 반응을 안 보이다가도 가정에서는 관찰이 되기도 합니다.

이제껏 부모나 교사에게 걱정을 끼치지 않던 아이가 예상하지 못한 말과 행동을 하면 당혹스럽습니다.

'죽고 싶다.'

이런 말과 글을 아무렇지 않게 하기도 합니다. 아이의 일기장이나 공책에 무심코 남겨진 이 글을 발견하고 소스라치게 놀라 학교로 달려오는 부모들도 많습니다. 그런 아이들 중 상당수는 교실에서 별 특이한 점을 발견하지 못하기도 합니다.

이 무렵의 '죽고 싶다'는 '힘들다'의 강한 표현입니다. 감정이 시시각각으로 변하기 때문에 힘든 시기입니다. 그 감정은 신체의 변화에도 원인이 있습니다. 몸의 성장 속도가 과거보다 더 빨라지고 이차성징을 보이는 아이도 제법 생깁니다. 성장하는 몸이 주는 스트레스에다 이성에 대한 관심이 늘어나 좀 더 괜찮고, 멋있게 보이려 외모에 신경쓰다 보면 자신감도 한순간에 열등감으로 변합니다.

'나보다 더 잘난 아이들이 많잖아.'

'난 별 볼 일 없는 아이야.'

이런 생각이 들면서 급격히 자존감이 낮아집니다. 그러나 이런 현상은 오래가지 않습니다. 바로 인지능력이 늘어나기 때문입니다. 무슨 이야기인지 좀 더 자세히 풀어 보겠습니다.

책을 예로 들어봅시다. 책을 처음 접하는 아이는 그림책이나 동화책에서 만화책이나 만화 학습책 등으로 옮겨 갑니다. 그러다 어느 순간 줄글로 된 책을 보면서 즐거움을 느낄 수 있으면 그건 단계가 달라진 겁니다. 그림이 많은 것과 글이 많은 것은 차이가 있습니다. 바로 상상의 근거가 눈에 보이는 것이냐 머릿속으로 상상한 것이냐에 대한 차이입니다. 줄글로 된 책을 보며 상상한다는 건 이전과는 다른 논리적인 것이 포함된 상상입니다. 논리에 기반을 둔 상상은 공부에 직접적인 영향을 줍니다.

교과서는 논리적으로 구성되어 있습니다. 아이는 교과서를 보고 수업을 들으며 핵심에 접근하고 배우는 것을 머릿속으로 구조화해 나갑니다. 이건 학습력이 비약적으로 발달한다는 뜻입니다.

더 큰 비밀은 관계 변화에 있습니다. 아이는 심리적으로나 정서적으로 누군가에게 의존하려 합니다. 가치판단의 문제나 갈등 상황에서 자신을 지지해 줄 누군가가 필요한데 그 대상은 가장 먼저 부모가 됩니다. 학교를 오기 전엔 거의 대부분을 부모에게 의존합니다. 그런데 학교에 오고 나서부터 조금씩 의존의 대상과 성격이 변합니다. 의존의 대상은 부모에서 교사로 순차적으로 넘어가고 가치판단에 있어서는 친구집단으로 변해 갑니다. 그 결정적 시기가 열 살 무렵입니다. 좀 더 쉽게 이야기하면 이렇습니다.

'부모님에게 칭찬 듣는 것도 좋지만 선생님에게 인정받는 것은 더 좋아.'

'혼자 노는 것도 좋지만 친구와 함께 노는 건 더 좋아.'

열 살 무렵의 친구는 좀 더 특별합니다. 감정의 교류를 깊게 하면서도 경쟁자입니다. 여러 명과 두루 알고 지내는 것보다 한두 명에 집중하고 그중에서도 한 명을 깊이 사귀려 합니다. 놀이뿐 아니라 생활과 공부 거의 전반에 영향을 주고받습니다.

가장 크게 변하는 것은 바로 부모와 아이의 관계입니다. 아이는 심리적으로 독립을 합니다. 독립은 학교에 입학하면서 이미 시작하지만 열 살 무렵이 가장 강렬합니다. 겉으로는 아직 변화가 느껴지지 않은 것처럼 보이기 때문에 섬세하게 살피지 않으면 발견할 수 없을 만큼 내적 강렬함이 더 큽니다. 부모에게 받은 긍정적인 감정과 부정적인 감정을 정산해서 독립적으로 살아갈 자신의 자존감이 상당 부분 완성됩니다.

부모가 정말 관심을 가져야 할 부분이 바로 여기입니다. 감정의 정산이 끝나기 전에 긍정적인 감정을 채워 줘야 합니다. 아이가 부모에게 받고 싶은 가장 긍정적인 감정은 사랑입니다. 자신을 아껴 주고 지지해 주고 응원해 주고 격려해 주는 경험이 있어야 합니다. 많이 안아 주고 많이 사랑해 줘야 합니다. 감정 정산이 끝나 버리고 나면 아이는 더 이상 안아 주는 것을 달가워하지 않습니다. 사랑한 다는 말에 무덤덤하게 반응하기도 합니다. 아이가 더 이상 부모의 모임에 따라가려 하지 않고, 방과 후나 주말에 친구와 더 어울리려 하면 벌써 깊이 진행됐을지도 모릅니다.

감정 정산 과정에서 부정적인 감정이 긍정적인 감정보다 더 많으 면 인지능력은 자신을 방어하고 어른을 공격하는 데 더 발달합니다. 타인의 관점에서 생각하는 능력이 떨어져 도덕성은 약해지고 자신 이 처한 현실을 왜곡해 사회성 발달이 어렵습니다.

감정 정산을 언제 하는지 꼭 짚어 맞출 수는 없지만 열 살 전후로 벌어집니다.

아이를 키우는 것은 날려 보내기 위함입니다. 열 살의 비밀을 통 해 아이를 어떻게 날려 보내야 할지 힌트를 찾아야 합니다.

누구나 이상한 부모가
될 수 있습니다

◆ 사례 1 — 영철이 부모 ◆

영철이 부모는 영철이에게 별 관심이 없다. 잘하든 못하든 그건 영철이의 삶이라고 생각한다. 사실 영철이 부모는 너무 바쁘다. 영철이가 학교에 다닐 수 있도록 돌보기에도 벅차다. 그저 학교에서 별일 없이 지내길 바랄 뿐이다.

영철이가 챙겨야 하는 준비물과 가지고 오는 안내장을 부모는 자주 잊어버린다. 담임 선생님이 알림장에다 적어 줘도 그걸 열어 볼 시간이 없다. 영철이를 너무 내버려 두는 것 같아 마음이 쓰이다가도 무탈하게 학교에 다니는 걸 보면 별일 없는 것 같아 안심하기도 한다.

◆ 사례 2 — 영선이 부모 ◆

영선이의 부모는 영선이에게 둘도 없는 친구다. 영선이도 부모를 어려워하지 않고 스스럼없이 지낸다. 부모도 남는 시간의 거의 대부분을 영선이와 함께 지낸다. 어릴 적부터 영선이를 위해 많은 시간을 보내 왔고 앞으로도 그럴 생각이다. 하나하나 영선이의 의사를 물어보고 존중해 왔다. 특히 영선이의 교육을 위해서라면 부모는 아이를 위해 더 노력해야 한다고 생각한다. 그런데 요즘 고민이 생겼다. 사춘기에 들어섰는지 영선이가 예전처럼 부모와 함께 지내려 하지 않고 친구들과 더 자주 어울리려 한다.

◆ 사례 3 ― 태호네 부모 ◆

태호 부모는 다른 부모들이 아이들을 너무 오냐오냐 하며 키운다고 생각한다. 가정교육을 잘 받아야 사회생활도 잘한다고 생각하는 태호 부모는 아이를 엄하게 키우려고 노력한다. 특히 버릇없는 행동은 용서하지 않는다. 부모와의 약속은 무엇보다 중요하다. 목표를 정하면 꼭 해야 한다. 공부, 시간 약속, 생활규칙은 엄격하게 지킨다. 가끔 아이와 부모가 살갑게 지내는 가족들을 보면 내심 부럽긴 하지만 태호만큼은 강하게 키워야 한다고 믿는다. 아직 태호가 어리고 가치관이 정립되지 않았을 때 확실하게 해 두는 것이 좋다고 생각하기 때문이다.

◆ 사례 4 ― 성희네 부모 ◆

성희는 학교에서 모범적으로 생활한다. 물론 성희 부모는 다른 부모의 부러움을 산다. 부모가 특별하게 아이에게 얽매이지도 않고 그렇다고 내버려 두는 것 같지도 않은데 성희는 무엇이든 잘한다. 동네에는 자기 애 자랑하는 다른 부모들도 있지만 성희네는 차원이 다르다. 학교에서 어떤 평가를 받는지 그 반 아이들 입에서 성희 이야기가 나오니 성희 부모는 자기 아이에 대해 별 말을 안 해도 다들 성희네를 부러워한다.

"성희 엄마, 도대체 아이를 어떻게 키우는지 비법 좀 알려 줘요."

다른 부모가 이렇게 물으면 방긋이 웃으며 늘 같은 말만 한다.

"글쎄요. 전 별로 한 게 없는데요."

부모는 어떤 모습으로 아이들에게 비춰질까요? 부모 자신이 양육자로서 어떤 모습인지 스스로 돌아보긴 참 어렵고 힘듭니다. 한편으론 두렵기도 하지요. 혹시 자신이 이상한 부모가 아닐까 걱정이 된 적은 없으셨나요?

부모양육태도검사Parenting Attitude Test: PAT가 있습니다. 대략 부모로서 자신이 어떤 양육 태도를 가지고 있는지 살펴볼 수 있는 간단한 검사입니다. 인간의 성향과 기질을 정확히 구분해 내기는 어렵지만 어떤 경향을 가지고 있는지 아는 것은 꼭 필요합니다.

부모의 행동이나 태도를 측정해서 아이에게 억압과 허용의 정도를 파악하는 것이 이 검사의 핵심인데 대표적으로 네 가지 태도 유형이 나옵니다. 허용하지 않고 억압하지 않으면 방임형 부모사례 1, 억압은 덜 하고 허용적이면 친구형 부모사례 2, 허용은 덜하고 억압을 많이 하면 통제형 부모사례 3, 허용과 억압을 적절히 하면 자율형 부모사례 4라고 합니다.

얼핏 보기에 친구형, 자율형 부모는 좋은 부모인 것 같고, 방임형,

부모양육태도검사

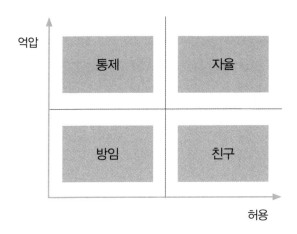

통제형 부모는 나쁜 유형처럼 보입니다.

물론 친구형과 자율형 부모의 좋은 점은 많습니다. 대표적인 것이 아이를 기준으로 아이의 눈높이에서 대한다는 점이죠. 그렇다고 방임형, 통제형 부모가 나쁜 면만 있는 건 아닙니다. 방임형·통제형 부모의 장점을, 친구형·자율형 부모의 단점을 부각시켜 보겠습니다.

◆ 부모양육태도검사는 부모 양쪽이 다 받아보는 것이 좋습니다. 부모의 양육 태도가 서로 반대인 경우가 많이 나타납니다.

◆◆ 부모양육태도검사의 용어는 검사지마다 조금씩 다를 수 있습니다. 방임, 친구, 통제, 자율형 태도 안에서도 개별적인 내용은 조금씩 다릅니다. 전문가의 도움을 받아 검사하면 더 효과적인 조언을 얻을 수 있고 자가 검사인 경우 정기적으로 같은 검사를 해 보면 양육 태도의 경향과 추세가 어떻게 바뀌는지 알 수 있습니다.

방임이 아이에게 안 좋은 영향을 주는 것을 부정할 수 없습니다. 그러나 방임형 부모의 장점도 있습니다.

자수성가한 성인들의 부모에 대한 양육 태도를 알아보면 의외로 방임형 부모가 많습니다. 방임하려고 방임한 것이 아니라 먹고사는 것이 너무 힘들어 돌봐 주지 못한 경우죠.

"새벽에 일 나가 밤늦게 돌아오는 부모님을 보며 난 공부를 게을리할 수 없었다."

흔하게 보는 성공한 이들이 반추하는 부모의 모습을 양육자 태도에 비춰 보면 방임에 가깝습니다. 그런 부모들은 성공한 자식들을 보며 이렇게 이야기하죠.

"해 준 게 없어요. 저 혼자 잘 커서 감사하고 고마울 뿐입니다."

부모의 이야기도 거짓은 아닐 겁니다. 분명한 것은 행동 자체는 방임이었다는 것이죠. 통제형 부모는 아이의 자율성을 인정하지 않고 억압하려 하지만 의외의 장점도 있습니다. 혼날 상황이나 행동이 무언지 알 수 있어 아이가 부모의 행동을 예상할 수 있다는 점이죠. 오히려 혼이 나고 나면 마음이 후련해지는 경험도 합니다. 혼날 상황인데 혼이 나지 않아 불안한 적 있지 않나요? 그런 면에서 통제형 부모는 아이가 가질 수 있는 불확실성(?)을 줄여 주는 효과를 주기도 합니다.

이번엔 반대의 경우를 봅시다.

요즘은 친구형 부모가 대세인 것 같습니다. 같이 놀아 주고 감정을 교류하는 모습이 TV예능프로그램에도 심심치 않게 나옵니다. 예전에 비하면 친구형 부모가 늘어나는 것은 좋은 현상입니다. 친구형 부모의 특징은 아이에게 많이 허용해 준다는 점이죠. 문제는 단점도 여기에 있다는 겁니다. 교실에서 친구지간의 모습을 살펴보면 평소엔 잘 놀다가도 작은 다툼으로 감정의 상처를 받는 경우가 많습니다. 부모 자식 간에 친구형으로 관계 형성이 된 경우 상처받는 쪽은 부모가 될 가능성이 높지요. 친구는 놀아 주기엔 좋은데 판단하고 제지하는 데 어려움을 겪을 수 있습니다.

마지막으로 자율형 부모는 아이와 합리적인 의사소통을 하고 아이의 뜻을 존중해 주는 면에서 가장 이상적인 부모의 모습입니다. 그러나 여기에도 함정이 있습니다. 바로 허용도 많이 하지만 억압도 많다는 점이죠. 허용을 친절로, 억압을 단호함으로 풀면 좀 더 쉽게 다가옵니다. 이것은 친절 50퍼센트, 단호함 50퍼센트가 아닙니다. 친절 100퍼센트, 단호함 100퍼센트가 공존한다는 뜻이죠.

교실에서 교사의 예를 들어 보겠습니다.

말썽꾸러기를 단호하게 제지하고 모범생에게 친절하게 허용하는 것은 누구나 할 수 있습니다.

그러나 말썽꾸러기라고 항상 문제 행동만 하는 것도, 모범생이라고 항상 바른 행동만 하는 것도 아닙니다. 말썽꾸러기가 바른 행동을 했을 땐 격려와 칭찬이 오히려 쉽습니다. 그러나 모범생의 일탈 행동은 찾기도 어렵고 찾았다고 해도 쉽게 제지하기 어렵습니다. 그동안 쌓았던 교사와 신뢰도 있지만 어떻게 하면 교사의 심기를 거스르지 않는지 알고 있기 때문입니다. 그럼에도 단호하게 잘못을 지적해야 할 순간이 옵니다.

교실을 민주적으로 이끄는 교사를 친절하면서도 단호한 교사라고 하듯, 자녀에게 합리적인 의사소통과 단호하고 일관성 있는 양육 태도를 가진 부모를 자율형 부모라고 합니다.

자율형 부모도 단호할 때 통제형 부모 못지않게 단호합니다. 그것이 억압으로 보일지라도 말이죠. 특히 건강과 안전에 관해서는 세워 둔 원칙을 벗어난 경우라면 아이가 아무리 원해도 절대 해 주지 않습니다.

"엄마도 ○○가 아픈 건 싫어. 하지만 주사는 꼭 맞아야 해."

병원에서 주사 맞기 겁이 나 울부짖는 아이에게 부모가 싫은 감정은 수용하면서도 아이를 단단히 붙잡아 주사를 맞힙니다. 의사의 처방을 받아 주사를 맞아야 한다면 아이가 아무리 발버둥을 쳐도 아이 뜻대로 해 주지 않는 것이죠.

부모양육태도검사는 더 흥미로운 사실을 보여 줍니다.

방임, 통제, 친구, 자율형 부모 이외에 또 다른 양육 태도가 있습니다. 바로 혼재형입니다.

◆ 사례 5 ─ 성수네 부모 ◆

성수는 계절에 맞지 않는 옷을 입고 오거나 지각을 하는 경우가 잦다. 어떤 날은 늦잠을 자고 바로 왔는지 까치집을 머리에 이고 오기도 한다. 담임이 성수의 알림장에 무언가 적어 줘도 부모가 확인하지 않은 티가 자주 난다. 그러던 어느 날 상담주간이 되어 성수 부모가 학교로 찾아와 이렇게 말한다.

"선생님, 제가 성수 교육에 관심이 많아요. 성수가 스스로 할 때까지 전 기다리는 편이죠. 요즘은 성수와 소통을 잘하기 위해 자녀상 담법도 배우고 있답니다."

양육 태도에 있어 혼재형은 두 가지 양육 태도가 함께 나타나는 경우입니다. '사례 5'의 경우 자율형이라고 생각하기 쉽지만 실제로 는 방임형 태도를 가지고 있습니다. 실제 자율형과 방임형의 행동 유형은 크게 차이 나 보이지 않습니다.

아이를 내버려 두는 것과 아이가 할 수 있을 때까지 기다리는 것 은 타인이 보기엔 같아 보입니다. 부모의 양육 태도가 자율형이냐 방임형이냐를 나누는 것은 기준을 어디에 두느냐에 따라 달라집니 다. 기준을 아이에게 두고 있으면 자율형에 가깝고 부모 자신에게 두고 있으면 방임형에 가깝습니다. 이것보다 더 심각한 혼재형도 있 습니다.

◆ 사례 6 ─ 윤정이 부모 ◆

윤정이 부모는 윤정이와 친구처럼 지낸다. 윤정이 부모는 늘 윤정 이를 위해 좋은 것만 해 주려고 한다. 윤정이도 그런 부모의 마음을 알기에 잘 따라왔다. 그런데 요즘 윤정이는 부모가 권한 것이 처음 엔 좋았다가 하다 보면 재미가 없어지는 경우가 많다. 하지만 부모 님을 실망시키지 않기 위해 내색하지는 않는다.

어느 날 부모는 기쁜 얼굴로 윤정이에게 제안을 한다.

"윤정아, 정말 좋은 영어 과외 선생님을 찾았어. 윤정이 시간표를 보니까 월요일은 논술 하고 수요일은 수학학원에 가니까 화요일이 딱 비더라고. 그래서 화요일 방과 후에 영어를 하도록 하자. 어때, 괜찮지?"

부모의 제안에 윤정이는 용기를 내 싫다고 대답했다.

"윤정이 너 지금 뭐라고 했어. 우리가 누구 때문에 이러는 줄 몰라서 그래?"

조금 전까지 자애롭던 부모가 표독스럽게 변하는 것을 보며 윤정이는 무엇이 진짜 부모의 모습인지 헷갈린다.

윤정이 부모는 평소 자신을 친구형 부모라고 생각하지만 실제는 통제형 부모의 태도를 가지고 있습니다. 아이의 마음을 읽어 주는 것처럼 혹은 받아 주는 것처럼 보이지만 실제로는 부모가 의도한 방향으로 끌고 가려고 하죠. 사춘기를 지나면서 아이가 자신의 뜻대로 하려고 하면 통제형 부모의 모습으로 변합니다. 이런 경우 부모는 아이를 위한다는 대의명분이 있고, 이제껏 자녀에게 잘해 줬다고 생각하기 때문에 아이의 반항을 받아들이지 못합니다.

혼재형 부모에게서 자라는 아이도 나름대로 생존 전략이 있습니다. 바로 눈치 보기죠. 부모가 언제 돌변할지 모르기 때문에 부모의 상태를 확인하려 합니다. 이건 학교에서도 고스란히 전달됩니다.

"선생님 물 먹어도 돼요?"

"선생님 가위로 오려도 되나요?"

"선생님 이거 해도 돼요?"

일일이 교사에게 확인하고 물어봐야 안심이 되는 아이는 집에서도 같은 패턴일 겁니다. 혼재형 부모는 아이도 스트레스를 받지만 부모 본인이 더 큰 스트레스를 받습니다. 이것이 끝이 아닙니다. 요즘 들어 더 많이 나타나는 부모의 양육 태도로, 가장 위험한 것이 하나 남았습니다.

◆ 사례 7 ─ 승욱이네 부모 ◆

부모는 승욱이를 보면 한숨만 나온다. 승욱이는 부모가 도와주기 전까지는 아무것도 안 한다. 나이가 들고 학년이 올라가면 괜찮을 줄 알았는데 스스로 하기는커녕 잔소리를 하지 않으면 움직이지 않는다. 자기가 할 건 안 하면서 요구 조건은 많다. '게임을 더 하게 해 달라', '학원 가기 싫다', '노는 시간이 부족하다', '자전거 사 달라' 등등. 도대체 정신이 있는지 없는지 모르겠다. 요즘은 강아지를 사 달라고 노래를 부른다. 어르고 달래고 호통쳐 봐도 그때뿐이다. 머리 굵어졌다고 잔소리도 이제 한 귀로 듣고 한 귀로 흘리는 것 같다.

부모양육태도검사에서 가장 걱정스러운 것은 바로 과보호형입니다. 어느 부모든 자신의 양육 태도가 과보호라고 생각하지 않습니다. 그러나 의외로 자주 나옵니다. 놀랍게도 과보호형 부모는 방임, 친구, 통제, 자율의 지수가 모두 높게 나옵니다. 특정한 부모가 과보호형이 되는 것이 아니라는 뜻입니다. 누구든 과보호형 부모가 될 수 있습니다. 과보호형 부모도 처음에는 아이를 잘 기르려고 합니다. 그래서 자율형으로 시작합니다. 자율형 부모는 생각보다 피곤합니다. 부모의 뜻대로 움직이지 않는 아이를 지켜보고 기다리는 것이 쉬운 일은 아닙니다. 한마디로 성과가 안 나옵니다. 어느덧 아이를 돌보는 데 지쳐 갑니다. 그러면 방임하게 됩니다. 어느 순간 방임한 아이가 엉뚱한 짓을 합니다. 분노와 자책이 동시에 생깁니다. 아이에게 화내고 꾸중합니다. 아이는 돌변한 부모의 모습에 놀라고 당황해서 웁니다. '내가 무슨 짓을 한 거지?' 아이가 반성하면 부모는 화난 자신의 모습에 스스로 놀라 제정신으로 돌아옵니다. 그러면서 아이가 애처롭습니다.

"엄마(아빠)가 널 미워해서 그런 건 아니야. 자, 이거 먹고 앞으로 그러지 마."

부모는 평소 아이가 좋아하고 잘 먹는 걸 해 주면서 화해합니다. 그나마 잘 먹는 아이의 모습을 보며 안심합니다.

'사례 7'에 나타난 부모의 유형이 바로 과보호형입니다. '설마 내가 과보호형일까?' 이런 생각이 든다면 혹시 아이와 이런 말다툼을 하지 않는지 확인해 보세요.

- ■ 아이가 말을 하지 않을 경우
    - 뭐가 문제야?
    - 말을 해. 말을 해야 알지.

- 그렇게 말 안 하고 있으면 해결이 되니?

■ 뭔가 핑계를 댈 경우
- 말이야, 그게?
- 어디서 말대꾸야?
- 엄마(아빠) 말이 우스워?

■ 잔소리가 지겨워 아이가 딴짓을 하면
- 똑바로 서.
- 엄마(아빠) 눈 똑바로 쳐다봐.

■ 똑바로 쳐다보면
- 뭘 잘했다고 쳐다봐?
- 어디서 눈을 치켜뜨고 쳐다봐?

■ 그러다 아이가 울면
- 뭘 잘했다고 울어?
- 울면 해결되니?

■ 그러다 아이가 잘못했다고 하면
- 네가 미워서 그런 거 아니야.
- 너 잘되라고 혼내는 거야.

아이와 이런 방식으로 대화를 이끌어 나가면 부모는 절대 아이에게 지지 않습니다. 확실하게 아이를 제압할 수 있습니다. 그러나 정작 아이는 뭘 잘못했는지 모르는 경우가 대부분입니다.

그렇다면 아이는 어떻게 대응할까요? 아이에게도 생존 전략이 있습니다. 방임형과 자율형의 혼재형이나 친구형과 통제형의 혼재형일 경우는 부모 눈치라도 보지만 과보호형일 경우 부모는 네 가지의 유형이 섞여 있는데다 언제 어떤 유형으로 나올지 몰라 아이는 혼란스럽습니다. 자주 이런 일을 겪다 보면 아이도 살아갈 방도를 마련합니다. 그것은 바로 아무것도 하지 않는 것입니다. 아무것도 하지 않으면 결국 부모가 한다는 것을 아이는 터득합니다.

공부하지 않고 공부하는 척하면 됩니다. 이해되지 않지만 시키니까 하는 척합니다. 이해되지 않아도 모른다고 하면 혼내니까 아는 척 대답합니다. 지키지 않을 것이지만 안 하면 혼내니까 약속합니다. 대답하지 않으면 잔소리하니까 '네'라고 대답합니다.

아이는 부모에게 하는 척하기만 해도 속는다는 걸 압니다. 그럴수록 부모는 걱정이 더해 갑니다. 부모의 걱정이 커지면 커질수록 아이는 아무 걱정이 없습니다. 걱정은 부모가 하는 것이지 자기 몫이 아니라고 생각하니까요.

혼재형 부모, 과보호형 부모가 이상한 부모라고 생각하셨나요?

누구든 이상한 부모가 될 수 있습니다.

아이의 자존감을 세워주는 부모의 말들

— 엄마(아빠)는 ○○을 믿어.

— ○○가 엄마(아빠)의 아들(딸)로 와 줘서 고마워.

— 천천히 해도 괜찮아.

— 실패(실수)해도 괜찮아.

— 힘든 건 당연한 거야. 네가 잘못한 것이 아니야.

— 슬플 땐 슬퍼해도 괜찮아.

— 엄마(아빠)가 무엇을 도와주면 좋겠니?

— 엄마(아빠)를 좀 도와주겠니?

— 엄마(아빠)는 ○○가 하는 선택을 믿을 거야.

— 엄마(아빠)는 ○○가 잘해서 좋은 것도 있지만 노력하는 모습이 더 좋아.

— 힘들고 어려우면 언제든지 엄마 품에 안기렴.

— 힘들고 어려우면 언제든지 아빠가 힘이 되어 줄게.

아이를 잘 키우는
방법

사춘기 아이들을 오래 지도하면서 몇 년에 걸쳐 어떤 부모가 아이를 힘들게 하는지 설문조사를 한 적이 있습니다. **별다른 방법은 아**니고 이런저런 사춘기 아이들 고민을 들으면서 자연스럽게 나오는 것 중에 매년 중복되는 것만 추려 본 것이죠.

1순위는 공부방 하는 부모, 2순위는 학원 하는 부모, 3순위는 교사 부모였습니다.

물론 공부방, 학원, 교사 부모 중에서도 좋은 부모들이 많지만 왜 공부방, 학원, 교사 부모가 아이들을 힘들게 하는지 알아야 할 필요는 있습니다.

제가 겪은 사례부터 먼저 풀어 보겠습니다.

◆ 윤석이 ― 공부방 하는 부모 ◆

윤석이는 아주 어릴 때부터 선행학습을 했다. 엄마는 인근에서 아주 유명한 공부방을 하고 있는데 윤석이를 잘 가르쳐 자기 공부방의 우수 사례(?)로 삼고 싶어 하는 것 같았다.

윤석이는 어릴 때부터 그런 엄마에게 사랑받고 싶어 했다. 공부를 잘했을 때 엄마는 윤석이에게 자상했다. 윤석이는 엄마의 사랑을 받고 싶어 더 공부를 열심히 했다. 그렇지만 학년이 올라가면서 공부가 어려워지자 실력도 떨어졌다. 윤석이는 간단한 수행평가를 하더라도 아주 불안해 했으며 자기가 잘하는 것만 하고 못하는 것은 하지 않으려 했다. 그런 윤석이를 엄마는 내버려 두지 않았다.

윤석이는 공부만 강요하는 부모를 원망했지만 인정받고 싶어 하는 욕구도 강했다.

"윤석이가 공부방 하는 부모 밑에 태어난 것도 자기 팔자입니다."

상담을 하러 온 윤석이 부모는 경쟁사회에서 당연히 공부를 해야 하고 윤석이는 그걸 잘한다고 생각했다. 그런 윤석이 부모에게 차가움을 느꼈다.

윤석이는 엄마를 무서워하면서도 말싸움을 하면 이기는 수준까지 올라왔다. 겨우 3학년인데 말이다. 아이들과의 다툼은 끊이지 않고 자기가 잘못한 건 인정하는 법이 없다. 불평불만으로 하루하루를 보내고 있다.

◆ 태원이 ─ 학원 하는 부모 ◆

태원이는 6학년이다. 5학년 때까지 한 번씩 큰 말썽으로 학교를 뒤흔들었다. 그때마다 태원이의 부모는 우리 아이는 절대 그런 아이가 아니라고 하였다. 질 나쁜 친구들과 사귀면서 물든 것일 뿐이라며 태원이의 잘못은 조금도 인정하지 않았다. 이전 담임도 태원이 부모 때문에 무척 괴로웠다.

태원이를 몇 달 가르쳐 보니 심성이 그리 나빠 보이진 않았으나 태만이 몸속 깊숙이 퍼져 있고 공부하고자 하는 의지가 보이지 않았다. 학교는 그저 평소 억압받던 집과 학원으로부터 도망치는 곳으로 여겨졌다. 공부에 싫증을 느끼는 이유는 도망갈 곳이 없기 때문이었다.

태원이는 학교를 마치면 지역에서 초중고 입시학원을 크게 운영하는 부모의 학원으로 가서 늦게까지 공부에 시달렸다.

학교에서 공부를 시켜 보니 자발성 없이 선행학습을 해 와 본시학습도 못 따라가는 어정쩡한 상태다. 문제는 여기 있는 것이 아니었다. 부모와의 사이가 시간이 갈수록 나빠졌고 점점 더 심해져 갔다.

어느 날 학교생활이 걱정된 부모가 학교에 찾아왔다. 태원이의 학교생활 모습을 담담하게 이야기해 주었다. 부모의 얼굴이 흙빛으로 변했다.

"선생님 그만하세요. 더 듣고 싶지 않아요."

참다 못한 부모는 태원이의 학교생활을 더 듣고 싶지 않아 했다. 사실 반도 말해 주지 못했다. 이성관계에 관한 것과 야동에 대한 호기심으로 있었던 에피소드는 꺼내지도 못했다.

◆ 시원이 — 교사 부모 ◆

의외로 교사가 부모인 아이 중에서 아이가 부모를 몸서리치게 싫어하는 경우가 있다. 특히 부모의 기대가 크고 이것저것 간섭하는 경우 아이는 도망갈 구석이 없다. 학부모가 같은 학년의 교사인 경우 분산시키는 경우가 많다. 그만큼 담임의 입장에서도 학부모가 교사인 경우는 어렵다. 어려워서 어려운 것이 아니라 교사 부모인 경우 간혹 어처구니없는 일로 분란을 일으킨다. 예를 들면 왜 아이가 상이나 표창을 받지 못했는지 해당 학년 선생들에게 항의하거나 시험지나 성적에 대해 꼬치꼬치 따지면 참 난감하다.

6학년 시원이를 육상대회에 인솔하면서 있었던 일이다. 어머니는 시원이가 다니는 학교 선생님이었다. 어머니는 시원이에 대한 기대가 컸고 동료 교사들에게도 늘 자랑했다.

마침 시원이 학교 육상선수로 선발되어 시대회에 출전했다. 사실 육상대회에 출전하는 아이들이 모두 육상을 엄청 잘하는 것은 아니다. 기록이 좋아도 실제 대회 기록에 못 미치는 경우가 많지만 좋은 경험 혹은 놀이의 차원에서 지도한다. 언제 푸른 잔디밭과 정식 트랙이 있는 공식 운동장을 뛰어 보겠는가? 거기다 날마다 간식을 주고 대회를 마치면 짜장면에 탕수육도 먹을 수 있는 절호의 기회라 보통의 아이들은 신난다. 그런데 시원이는 달랐다. 갈 때부터 얼굴이 굳어 있더니 경기장에 가서는 낯빛이 점점 더 어두워져 갔다. 격려와 응원도 별 소용이 없었다.

"못 할까 봐 두려웠어요."

시원이의 연습 기록은 기준 기록보다 낮아 처음부터 입상 가능성이 낮았다. 하지만 다른 아이들은 입상과 상관없이 신나게 하루를 놀다 온 반면 풀 죽은 시원이가 돌아오는 길에 털어놓은 말은 참 안타까웠다.

공부방을 하는 부모라고, 학원 하는 부모라고, 교사 부모라고 다 이런 것은 아닙니다. 하지만 심심찮게 봅니다. 왜 그럴까요?

공부방, 학원, 학교 교사는 누구보다 아이를 잘 알고 이해하며 지도할 수 있을 것 같지만 자기 자식이 되면 경우가 달라집니다. 특히 이런 경우면 정말 위험합니다.

바로 헛똑똑이 부모가 되는 경우입니다. 김현수 박사가 쓴 『공부 상처』에 이런 이야기가 있습니다.

> 헛똑똑부모증후군. 정서적으로 차갑고 도덕적으로 올바르며 잔소리가 많고, 체면과 평가 목표, 남에게 보이는 것을 중시하고, 자신은 최선을 다하고 있으며 자녀에게 많은 것을 해 주고 있다고 믿는다. 그러나 자녀는 그런 엄마(아빠)를 싫어한다.
>
> ─김현수, 『공부 상처』(에듀니티, 2015), 70쪽 요약

아이에 대해 잘 알고 있다고 생각하기 때문에 생기는 증상입니다. 대체로 자신은 옳고 타인(다른 부모, 교사)은 틀렸다고 생각합니다. 아이를 오랫동안 지켜봐 왔기 때문에 다른 부모는 물론이고 전문가인 교사보다 자신이 더 아이를 잘 파악하고 있다고 생각합니다.

그럴 수 있습니다. 하지만 문제는 아이가 변한다는 사실을 놓칠 수 있습니다. 그 아이가 자신의 자녀라는 사실을 놓칩니다. 초등학교 기준으로 '1·2학년 ─ 3학년 ─ 4학년 ─ 5·6학년', 이렇게 아이는 적어도 네 번 정도의 큰 변화를 겪습니다.

앞서 「열 살의 비밀」에서 밝혔듯이 3학년과 4학년이 서로 다른 아이라는 것은 이 시기를 지도한 교사만이 경험할 수 있습니다.

4학년을 몇 년간 지도해 보니 3월, 6월, 10월이 또 다릅니다. 제가 지도하는 방식은 무척 간단합니다. 잘 지도해서 잘 크는 게 아니라 억압되어 있고 묶여 있는 감정을 풀어 주고 안정시켜 주며 기회를 주고 균등하게 대하는 것 이외에 별다른 방법을 쓰지 않습니다. 그것만으로도 아이들은 잘 자랍니다. 대신 기준을 아이들에게 두고 아이들이 변하는 기운이나 순간이 올 때를 관찰해서 기회를 더 주는 것이 특별하다면 특별한 방법일 겁니다.

"괜찮아. 한 번 더 해 봐."

"지금도 잘하고 있어. 마음에 들 때까지 더해도 돼."

"시간이 부족하면 시간을 더 주고, 기회가 부족하면 기회를 더 줄게."

이때 표면적인 방법보다 내면의 토대가 더 중요합니다. 정서적으로 따뜻해야 합니다. 어른인 자신에겐 도덕적으로 엄격하고 아이에겐 허용적이어야 합니다. 잔소리보다 행동으로 보여 줘야 합니다. 다른 부모가 우리 아이를 어떻게 평가하느냐보다 우리 아이의 발달 상태에 기준을 둬야 합니다. 해도 안 되는 것이 있다는 것도 받아들여야 합니다. 그러면서도 어른인 자신은 별로 하는 것이 없다고 믿어야 아이는 어른을 좋아합니다. 그렇게 하는 어른이 교사와 부모가 되어야 합니다. 참 아이러니합니다.

아이들과 가장 많은 시간을 보내는 직업인 교사도 자신의 자녀를 잘 모를 수 있습니다. 남의 아이는 잘 가르칠 수 있어도 자기 자녀는 가르치기 어렵습니다. 제발 안 되는 걸 '하면 된다'고 착각하지 마세요.

아이가 어떻게 자라는지, 어떻게 자라 왔는지 모른다고 생각하고 대하는 것이 실수를 줄이는 방법입니다.

'잘 자라 줘서 고맙다.'

이런 마음으로 바라보는 것이 아이를 잘 볼 수 있는 방법입니다.

부모 역할의
어려움

담임교사가 일 년간 학급 경영을 하는 것은 결코 쉬운 일이 아닙니다. 아이들이 어떻게 변할지 모르기 때문에 교사는 일 년 내내 불안이 가시질 않습니다. 저도 마찬가지입니다. 학교에 출근하면서부터 고성능 레이더 같은 시선으로 아이들의 말과 행동을 유심히 보고 살핍니다. 그래도 오늘 교실에서 어떤 일이 일어날지 예상하지 못합니다.

그런데 교사가 부모보다 유리한 점 네 가지가 있습니다. 다시 말하면 부모가 교사보다 불리한 점 네 가지란 뜻도 됩니다

첫째, 교사는 퇴근을 하지만 부모는 퇴근이 없습니다.

퇴근은 교사에겐 강력한 힘입니다. 아이 지도와 업무가 아무리 힘들어도 퇴근 시간은 어김없이 다가오고 내일을 기약하며 퇴근합니다. 가끔 아이와 힘든 일이 있어도 동료 교사와 수다를 통해 고충을 나눌 수 있고 집에 가서 충전하고 올 시간적 여유가 있습니다. 같은 용도로 방학도 있지요. 하지만 부모는 퇴근이 없습니다. 아이가 학교에 가면 잠시 퇴근이라고 생각하겠지만 그렇지 않습니다. 가끔 부

모와 통화할 일이 있습니다. 아이가 잘못을 해서가 아니라 간단한 행정적인 절차 안내나 협조 부탁이 대부분입니다. 그런데 전화를 받는 부모는 화들짝 놀랍니다. 그래서 저는 꼭 이 말을 하고 용건을 말씀드립니다.

"아이에게 특별한 일이 있어 연락드린 건 아니니 안심하세요."

아이가 학교에 가 있는데 담임으로부터 연락이 오는 것을 걱정하는 부모는 퇴근이 없는 것이나 마찬가지입니다.

둘째, 교사는 아이를 일 년만 보지만 부모는 자녀를 평생 봐야 합니다.

교사에게 일 년의 제한된 시간은 퇴근이나 방학보다 더 강력한 힘입니다. 담임을 맡고 있는 교사는 20명 넘는 아이들과 함께합니다. 무리 없이 잘 지내는 경우가 대부분이지만 꼭 한두 명의 아이들과 감정 씨름을 하는 경우가 있습니다. 아이도 속상하지만 교사도 마찬가지입니다. 서로 상처를 받더라도 한편으로 생각해 보면 일 년만 지나면 다음 학년으로 올라갑니다. 다시 담임을 맡지 않는 이상 만날 일이 없습니다.

오해는 하지 말아 주세요. 일 년 하고 보낸다고 해서 그동안 방임한다는 뜻은 아닙니다. 종료점이 정해져 있으니 교사가 방전해서 타 버리지 않도록 감정을 조절할 수 있는 안전판은 될 수 있다는 뜻입니다. 그런데 교사와 감정 다툼을 하는 아이는 부모와 감정 다툼을 더 심하게 하는 경우가 많습니다. 교사는 일 년만 애먹으면 되지만 부모는 평생 감정싸움을 할 수도 있습니다.

셋째, 교사는 월급을 받지만 부모는 돈을 써 가며 키웁니다.

저도 아이들과 씨름하다 지치고 힘들 때가 있습니다. 그러면 월급 날을 생각합니다.

'아이들이 고객이다.'

'아이들 때문에 내가 먹고 산다.'

의외로 힘들 때 이 말을 읊조리면 나락으로 떨어지려 하는 마음을 잡는 데 도움이 됩니다. 그런데 부모는 상황이 반대입니다. 부모는 대충 먹어도 아이에게만큼은 더 좋은 것을 먹이려 합니다. 부모는 못 해 본 것을 아이에겐 아낌없이 투자합니다. 이 모든 게 다 돈입니다. 아이는 학원 가기 싫어하지만 부모는 다 돈 내고 보내는 겁니다. 돈 써 가며 좋은 것 입히고 먹여 가며 키우는 데 들인 품에 비해 아이의 원망과 부모의 한숨이 늘어 가는 경우가 더 많습니다.

넷째, 집에는 담임과 같은 결정권자가 반드시 한 명 이상 있습니다.

교실에는 담임 한 명이 결정권을 가지고 있고 그나마도 관심과 시선이 여러 아이들에게 분산되어 있습니다. 그런데 집에서는 그렇지 않습니다. 또 부모 담임은 서로 말이 안 맞을 가능성이 높습니다. 한 담임은 너무 방관적이고 한 담임은 너무 집착합니다. 이러니 아이는 필요에 따라 선택적으로 부모 담임을 대합니다. 자신에게 가장 유리한 담임을 선택하는 겁니다. 부모 담임끼리 말이 달라 서로 싸워도 상관없습니다. 어쨌든 아이는 자기에게 유리한 허락을 얻어 내면 되니까요. 애교, 짜증, 뻗대기, 못 들은 척, 아픈 척 같은 무기가 부모 담임에겐 잘 통합니다.

그런데 교실 담임에겐 안 통합니다. 부모에겐 어물쩍 넘어갈 수 있는 것도 교실에선 그냥 넘어가지 않습니다. 용케 교사의 눈을 피한다고 해도 다른 아이들의 눈까지 피하기 어렵습니다. 더욱이 아이는 부모의 일거수일투족을 평소 스캔하고 있기 때문에 부모의 약점이 무엇인지 너무나 잘 알고 있습니다.

교사 역할보다 부모 역할이 더 하기 어려운 이유는 여기에 있습니다.

교사는 아이에게 보여 주고 싶은 것만 보여 줄 수 있지만 부모는 자녀에게 보여 주고 싶지 않은 것도 보여 줍니다.

아이는 교사에게 필요한 것만 요구하지만 자녀는 부모에게 거의 모든 것을 요구합니다.

아이는 교사의 따뜻한 관심 한 번에 감동하지만 자녀는 부모의 따뜻한 관심이 당연하다고 생각합니다.

아이는 교사의 도움을 받고 위기를 넘겼을 때 감사함을 가지지만 자녀는 부모의 도움을 받고 위기를 넘겼을 때 당연하게 생각합니다.

교사는 아이 지도에 고민이 생기면 옆반 선생님에게 물어볼 기회가 있지만 부모는 자녀 지도에 고민이 생겨도 맘 터놓고 물어볼 데가 별로 없습니다.

교사의 역할이 갈수록 힘들어져 가는 것은 사실입니다. 그러나 교사 못지않게 부모 역할은 더 어렵고 힘듭니다. 교사이자 부모로 살아 가는 저도 부모보다 교사 역할이 더 쉽습니다. 비논리적이고 비이성적이며 예측 불가한 아이들을 지도하고 있지만 교사가 보는 아이보다 부모가 보는 자녀가 더 예측 불가합니다.

그렇다면 어려움에 봉착한 교사와 더 어려움에 직면한 부모가 아이와 자녀를 위해 할 수 있는 가장 중요한 교육적 활동은 무엇일까요?

교사와 부모 사이의 협업과 동업자 정신이 필요합니다. 교실에서 아이들을 지도하다 보면 부모의 무관심이 눈에 보일 때가 있습니다. 관심이 없어 무관심한 경우도 있지만 중요한 것과 중요하지 않은 것을 구분하지 못해서 오는 선택과 집중의 오류가 대부분입니다.

교실에서 아이의 부족한 부분이 눈에 보일 때면 이런 생각들이 저절로 듭니다.

'아침에 조금만 일찍 올 수 있도록 해 주면 좋을 텐데.'

'조금만 더 칭찬해 주면 좋을 텐데.'

'아이 이야기에 좀 더 귀 기울여 주면 좋을 텐데.'

'학습지, 학원 가는 것보다 자기가 하고 싶은 것을 하도록 지켜봐 주면 좋을 텐데.'

교사마다 부모에게 표현 방식이 다르기 때문에 오해와 갈등이 많은 것도 사실입니다. 특히 아이와 자녀를 두고 민감하게 여기는 분위기는 예전보다 더 심해졌지만 교사가 아이를 보다 객관적으로 바라볼 수 있다는 점은 변하지 않습니다. 아이가 정말 필요로 하고 원하는 것을 부모에게 제대로 전달할 수 있는 분위기만 조성된다면 이보다 좋은 동업자 관계는 없을 겁니다. 복잡하고 어려워 보이는 자녀교육도 교사와 부모가 상시 소통만 할 수 있다면 의외로 좋은 효과가 있습니다. 그러기 위해 한 가지 제안을 해 봅니다.

교사가 부모에게 먼저 손을 내밀어야 합니다. 한국에서 교사 하는 것도 쉬운 일은 아니지만 한국에서 부모 하는 것도 결코 쉽지 않음을 교사와 부모 모두 알았으면 합니다. 그리고 부모님들은 교사가 내민 손을 반드시 꽉 잡아 주시기 바랍니다. 단언컨대 교사와 부모가 손을 맞잡는 순간 학교 교육과 자녀 교육이 모두 수월해집니다.

아이의 이성교제

같은 영화를 봤는데 다르게 느낄 때가 있습니다. 그래도 관점이나 시각에 따라 약간의 차이는 있을지언정 멜로를 코미디나 공포로 보진 않습니다. 그런데 이성교제를 바라보는 시각은 아이와 교사와 부모가 모두 다릅니다.

아이들은 이성교제를 로맨스 장르라고 생각합니다. 로맨스라고 생각하는 아이들의 모습을 직접 보고 있으면 어설퍼서 웃깁니다. 그래서 교사는 코미디 장르로 여깁니다. 하지만 부모는 자녀의 이성교제에 공포심을 느끼는 경우를 자주 봅니다. 그래서 공포물이나 호러가 되기도 하죠.

'우리 아이가 이성친구를 사귄다는데 별일은 없겠지?'

이성에 관심을 가지는 자녀가 걱정되기도 하지만 그렇다고 막을 수는 없는 노릇이고, 섣불리 막으면 부모가 꼰대처럼 보일까 봐 벙어리 냉가슴 앓기도 합니다. 학교에서 벌어지는 아이들의 이성관계 속으로 들어가 볼까요?

"엄마, 나와 결혼할 아이야."

어린이집에서 마음에 드는 이성친구를 집에 데려와 부모에게 소개시키는 광고의 한 장면을 본 적이 있습니다. 이럴 때 부모는 당황할까요? 철없지만 순수한 자녀의 행동에 미소 짓게 됩니다. 이차성징이 일어나기 전에는 학교에서도 좋아하는 이성친구와 스스럼없이 지냅니다. 고백하고 사귀는 걸 어렵지 않게 볼 수 있죠. 아이 역시 남녀의 차이를 두기보다 그냥 좋은 친구가 필요하니까 딱 그만큼의 이유로 큰 의미 없이 이성친구를 사귑니다.

그런데 이차성징이 나타나는 시기가 되면 이야기는 좀 달라집니다. 여자아이는 좀 더 여성스럽게, 남자아이는 좀 더 남성스럽게 변해 가면서 아이도 부모도 당황하게 됩니다. 요즘은 이차성징이 일어나는 시기가 빨라지면서 3, 4학년이 되면 이전과는 다른 형태로 이성에 대한 관심이 나타납니다. 3, 4학년 때부터 이성친구를 사귀는 아이도 있지만 보통 6학년이 되면 이성에 대한 관심이 절정에 이릅니다.

먼저 동성친구들끼리 어떻게 사귀는지 보통의 상황을 풀어 보겠습니다.

남자아이는 놀기 위해 사귀는 경우가 대부분입니다. 놀기 위해 사귀기 때문에 노는 상황 자체를 즐기고 그걸 수용할 수 있으면 친구가 됩니다. 놀이는 여럿이 하면 더 좋듯이 친구가 많은 것이 좋습니다. 놀 수만 있으면 다 잘 지내지만 막상 친하게 지내는 것처럼 보여도 깊이는 부족한 경우가 많습니다. 반면 여자아이는 한두 명을 깊게 사귀려고 합니다. 절친을 무척 중요하게 생각하고 절친이 되기 위해선 서로 비밀을 다 주고받을 수 있을 정도가 되어야 합니다. 이런 특성은 전학을 갈 때 남녀 간 극명한 차이를 보여 줍니다.

친하게 지내던 친구가 전학 갈 때 남자아이보다 여자아이들이 더 많이 힘들어 합니다. 그렇다면 이성친구끼리 사귈 땐 어떤 현상을 보일까요? 교실에서 그 비밀을 풀어 보겠습니다.

남자아이와 여자아이는 교실에서 늘 함께 생활하지만 서로의 관심사와 영역이 다르기 때문에 오히려 남녀의 특성을 서로 잘 모르는 경향이 있습니다. 아이들은 동성친구를 사귀는 방식으로 이성친구를 바라봅니다. 서로 좋아하게 될 때 남자아이는 한눈에 반하는 경우가 대부분이고 여자아이는 남자아이의 구애를 받거나 꾸준히 관찰하며 꼼꼼히 따져 본 후 사귀는 경우가 많습니다. 극히 일부를 제외하고 사귀는 기간은 평균 3개월 내외인데 보통 1개월 안에 80~90퍼센트는 정리됩니다.

이성교제만큼은 한 교실의 범위를 넘어가는 경우가 많습니다. 심하면 인근 학교까지 연결되기도 합니다. 이성교제는 동성친구와는 조금 다른 패턴을 보여 주고 있는데 대표적인 것이 서로가 서로를 잘 모르고, 안다고 하더라도 이성에 대한 엉뚱한 정보를 가지고 있습니다. 이유가 무엇인지 살펴보니 이성친구를 사귀면서 동성친구와 사귀는 방식으로 접근하고 있었습니다. 즉 남자는 남자아이와 사귀는 방식에다 알고 있는 여자에 대한 정보를 붙이고, 여자는 여자아이와 사귀는 방식에다 알고 있는 남자의 정보를 붙입니다. 문제는 남자가 알고 있는 여자에 대한 정보와 여자가 알고 있는 남자에 대한 정보는 모두 동성들 간의 교류를 통해 획득한 정보라 신빙성이 떨어집니다.

이성교제를 하는 남자아이와 여자아이의 심리적 특징이 있을까요? 사춘기 시기에 남자아이가 여자아이를 좋아하는 것에는 아무 이유가 없다는 규칙이 있습니다. 사춘기가 오고 이성에 대한 관심이 생기면 남자아이는 충동적으로 변합니다. 이성에 대한 관심이 높아지면서 교실에서 보이는 현상 중에 특이한 점이 있습니다. 교실에서 이성을 부를 땐 꼭 성을 붙여 함께 부릅니다. 왜 성을 꼭 붙여 부를까요? 구설수에 오르지 않게 하기 위해서입니다. 또 다른 현상은 수업 중 활동이나 체육 활동을 할 때 이성끼리 손을 잡는 걸 꺼려 합니다. 이성에 관심을 가지는 나이가 되면서 이성에 대해 배척하거나 거리를 두려는 이중적 태도를 보입니다. 이처럼 이성에 대해 관심이 생겨도 처음엔 눈치를 보며 관심을 감추다가 감정이 폭발적으로 올라오는 시기가 되면 충동적으로 변하는데 그것은 남자아이가 더 심합니다. 여자아이가 갑자기 예뻐 보이는데 그것도 아주 찰나의 상황에서 이뤄집니다. 평소에도 좀 예쁘다고 생각하던 여자아이가 환하게 웃는다든지, 어느 날 입고 온 옷이 잘 어울린다든지, 심지어는 찰랑대는 머리칼이 반사되는 빛에 환하게 빛나는 찰나의 순간에 반하게 됩니다. 남자아이는 여자아이를 좋아할 때 먼저 좋아하거나 반하고 그 이유는 나중에 생각합니다.

하지만 남자아이의 인기도를 기준으로 나누는 그룹은 여자아이들이 규정합니다. 즉 아이들의 친소 관계나 남자아이들 사이에서의 의리 관계와는 다릅니다. 여자아이들도 사춘기가 오면 같이 충동적인 성향을 가집니다. 그러나 여자아이는 절친을 고르고 검증하는 방법으로 좋아하는 남자아이를 고릅니다.

이런 과정으로 남자아이를 고른다고 보면 교실, 혹은 학교에서 여자아이의 마음에 드는 남자아이를 찾기란 그리 쉽지 않습니다. 이성교제에 대한 관심은 여자아이들이 더 많지만 실제 액션은 적고 그에 비해 충동적인 남자아이들은 이성친구 사귀기에 더 적극적인 모습을 보이기도 합니다.

남자아이가 선호하는 여자아이 그룹과 여자아이가 선호하는 남자아이 그룹은 다릅니다.

남자아이	A그룹	B그룹	C그룹	D그룹
여자아이	A그룹	B그룹	C그룹	D그룹

각 그룹은 남자아이가 여자아이를 바라볼 때 혹은 여자아이가 남자아이를 바라볼 때를 기준으로 합니다.

여자아이 A그룹은 팔방미인들입니다. 초등학교에서는 주로 방송부에 많이 있습니다. 그런데 가장 인기 있을 것 같은 여자아이 A그룹은 이성교제에는 별 관심이 없고 실제 관계도 드뭅니다. 이유를 살펴보면 관심이 전혀 없는 것은 아니지만 목표지향형이라 이성교제가 우선순위가 아닙니다. 그런데 왜 남자아이들은 여자아이 A그룹에게 다가가지 못할까요? 의외로 남자아이들은 거절당할 것에 대한 두려움도 크기 때문에 잘 시도하지 않습니다.

남자아이 A그룹은 매우 소수입니다. 여자아이들의 철저한 인사검증시스템을 통과해야 하기 때문에 전교에 한두 명 정도 있을까 말까입니다. 그럼 남자아이 A그룹은 행복할까요? 그렇지 않습니다. 거의 모든 여자아이에게 관심을 받지만 여자아이들이 주는 관심이 그렇게 고급스러운 것이 아니기 때문에 상당히 귀찮아 합니다. 여자아이는 관심 있는 남자아이를 눈여겨 관찰합니다. 그리고 절친인 동성친구와 그 비밀을 공유합니다. 인기 있는 남자아이 A그룹은 소수라 수많은 여자아이들의 관심을 받고 그녀들이 쳐다보고 속닥거리며 귓속말을 하는 걸 싫어하고 오해하기 쉽습니다. 그래서 남자아이 A그룹은 이성에 대해 매우 까칠한 성향일 가능성이 높습니다.

남자아이, 여자아이 D그룹은 이성교제와는 거리가 멉니다. 이 그룹의 아이들은 친구들보다 정서적 발달이 좀 느려서 아직 이성교제에 관심이 없습니다. 특히 남자아이 D그룹인 경우 여자아이들이 귀엽다고 함께 놀자고 하면 무서워하기도 합니다.

그렇다면 거의 모든 이성관계는 남자아이 B, C그룹과 여자아이 B, C그룹 사이에서 일어난다고 보면 됩니다.

실제 교실에서 이성교제가 어떻게 벌어지는지 살펴보겠습니다.

사춘기가 되면서 자기주장이 강해지기도 하지만 급격히 자존감이 떨어지는 시기이기도 하기 때문에 감정의 기복이 심합니다. 그래서 누군가 자신을 안정시켜 줬으면 하는 마음이 있습니다. 그것을 이성에게서 찾는 것이죠.

앞서 이야기했지만 이성에 대한 관심이 더 많은 것은 여자아이 쪽이지만 행동은 남자아이가 더 많습니다. 그러니 교실에서 보여지는 이성교제의 형태는 남자아이의 구애와 여자아이의 방조로 이뤄집니다.

남자아이는 한순간에 여자아이에게 반하고 적극적인 구애를 합니다. 여자아이는 남자아이가 좋아한다고 하니까 그러려니 하고, 예쁘다고 하니까 거울 한 번 더 보고, 커플링 주니까 껴 주는 겁니다. 왜 이럴까요? 여자아이는 마음을 주고 난 뒤 상처받는 것이 두려워 얼마나 잘해 주나 하고 남자아이를 살펴보는 것입니다.

이성교제를 어떻게 바라봐야 하는지도 여기에서 힌트를 찾을 수 있습니다. 아이들의 이성교제에는 몇 가지 패턴이 있습니다.

첫째, 사귀는 기간이 짧습니다.

처음 느껴 보는 이상한 감정에 아이들은 흔들립니다. 좋으면서도 두렵고, 이상하면서도 끌리는 감정의 소용돌이 속에 있는 것이죠. 그러나 이 강렬한 감정은 오래 지속되진 못합니다. 흥분된 감정은 언젠가는 잦아들게 되어 있고 특히 이성을 통해 뭔가 안정감을 얻으려는 아이일수록 쉽게 싫증을 느끼기 때문에 통상 2~3개월 정도 하다 흐지부지되는 경우가 가장 많습니다.

그렇다고 학교와 교실에서 이상한 방향으로 흐르진 않습니다. 나름대로 타인의 이목에 신경을 씁니다. 하지만 감정의 진폭이 아이들마다 다르기 때문에 이성교제로 나타나는 모습이 걱정스럽게 보일 뿐입니다.

그리 걱정하지 않아도 되는 이유는 아이들 스스로도 이런 현상을 무서워합니다. 단지 어른들이 못하게 혹은 잘못인 것처럼 대하기 때문에 생기는 반발심에 더 해 보려는 심리가 있습니다.

둘째, 그냥 놔두면 이성교제로 일 년 내내 부산스럽습니다.

아이들의 입장에서 보면 이성친구를 사귄다는 것은 인류 멸망 다음으로 중요한 비밀 뉴스입니다. 다만 그 사실을 모르는 사람이 없는 비밀입니다.

누구랑 누가 사귄다더라, 누가 누구에게 고백했다더라 혹은 헤어졌다더라 등등 시시콜콜하고 시답지 않은 이야기로 수업시간에 쑥덕거리는 아이들을 보고 있자면 교사는 당황스럽기까지 합니다. 한편으로 보면 우습기도 하고 한편으로 보면 이해되기도 하지만 수업과 생활지도를 함께 해야 하는 교사의 처지에서는 그냥 놔두고 지나칠 수 없습니다. 아이와 부모의 갈등은 이성친구를 사귀면서 더 커질 수 있다는 점도 교사는 알고 있어야 합니다. 그리고 학급 경영 측면에서도 이성교제에 대해 아무 언급을 하지 않는다면 고학년 교실은 아마 사랑이 싹트는 시기가 모두 달라 일 년 내내 붕 뜬 상태로 지내게 될 것입니다.

셋째, 좋은 이성친구를 사귀는 법을 모릅니다.

그렇다면 이성교제를 하려는 아이들을 어떻게 대해야 할까요? 자연스러운 현상이니 그냥 못 본 체 방조해야 할까요? 아니면 분위기를 어지럽히니 제지해야 할까요?

원칙은 간단합니다. 이성친구든 동성친구든 좋은 친구로 대할 수 있도록 해 주면 됩니다. 대신 아이들에게 이 말은 꼭 전해 주세요.

"이성친구를 사귀는 것은 잘못된 것이 아니다."

"처음 사귀어 보는 것이기 때문에 서툰 것은 당연하다."

"남자는 여자를 잘 모르고 여자는 남자를 잘 모르니 서로 배워야 한다."

"먼저 좋아하는 쪽에서 고백하는 건 권리다. 고백을 받을지 안 받을지 선택하는 것 또한 권리다."

"고백했다고 놀리거나 거부당했다고 실망하지 마라."

"이성친구를 사귀는 것이나 동성친구를 사귀는 것이나 방법은 같다."

"상대를 배려하고 싫어하는 것을 하지 않으며, 좋아하는 것을 함께 찾아가도록 해라."

우습게 보이지만 공개적으로 사귈 수 있도록 해 주고 감정이 정리되었을 때 헤어지는 방법도 알려 줘야 합니다. 그래야 아이도 건전하게 이성친구를 사귀는 방법을 터득합니다.

자녀의 이성교제가 걱정되시나요? 담임 선생님과 상담해 보세요. 자녀의 이성교제를 통해 부모와 자녀의 관계도 새롭게 정리할 필요가 있습니다. 보다 성숙한 어른이 되기 위한 과정이라고 생각하시고 아이의 이성교제를 좀 더 의연한 자세로 지켜보세요.

어른을 대하는
아이의 전술

교실에서는 하루에도 몇 번씩 문제 상황이 발생합니다. 아이 스스로의 문제, 아이와 아이 사이의 문제, 아이와 교사 사이의 문제도 있습니다. 문제를 일으키는 대상도 다양하지만 상황은 더 다양합니다. 작은 교실에서 많은 아이와 한 명의 교사가 지내다 보면 문제가 안 생기는 것이 이상합니다. 문제는 문제를 어떻게 대처하고 해결하느냐에 따라 성장의 기회가 되기도 하고 상처의 기억이 되기도 합니다. 교사든 아이든 거의 대부분은 전후 사정을 이야기하고 듣는 과정에서 마음이 풀어지고 문제가 해결됩니다. '삶'이 '앎'이 되는 교육은 이런 과정을 통해 이뤄집니다.

교사는 비교적 이런 상황에 대한 훈련이 되어 있습니다. 아이의 말을 들어 보고 교사의 의견을 이야기해 줄 때도 있고, 아이들끼리의 말을 들어 보고 아이들끼리 해결하게 할 때도 있으며, 아이들끼리의 의견 다툼을 조율하고 중재해 주기도 합니다.

아이들끼리의 문제나 아이 개인의 문제를 교사가 지도하는 것은 상대적으로 쉽습니다. 그런데 아이가 교사의 지도 방법을 불신할 때가 있습니다. 즉 자기만 차별대우하거나 혼낸다고 생각할 때 문제가 꼬입니다. 객관적으로 아이는 교사와 좋은 관계를 맺고 싶어 합니다. 물론 교사도 아이와 다툴 아무런 이유가 없습니다. 그러나 몇몇 아이는 교사와 감정싸움을 합니다.

교사는 기본적으로 지적이 일상이라는 것을 알아야 합니다. 이것을 부정하면 어떤 교육도 이뤄지지 않습니다. 교실에 20명 이상 있는 상황에서 각기 다른 성향의 아이들과 함께 지낸다는 것은 무척 전문적인 일입니다. 그러나 대부분의 아이들이 교사의 지적에 마음 상해 하지 않는 이유가 있습니다. 아이들이 느끼기에도 정당한 지적이 거의 대부분이기 때문입니다. 뛰어다녀서는 안 될 때 뛰어다니지 말라고 하고, 줄 설 때 줄 서라고 하며, 조용히 해야 할 곳에서 조용히 해야 한다고 지적합니다.

강도와 방법의 차이가 있을 뿐, 직접적이든 간접적이든 교사의 지적은 적절한 시점에 합리적으로 이뤄집니다.

덧붙여 아이들이 교사의 지적을 정당하다고 느끼고 받아들이는 이유는 교사의 권위에서 비롯됩니다. 이 권위는 충분히 기다려 준 데에서 얻은 신뢰의 다른 말이기도 합니다.

잘못이 있다 하더라도 인정과 사과가 있으면 더 폭넓게 용서받는다는 것도 압니다. 지적이 일상이긴 하지만 친절함과 배려가 더 많다는 사실을 압니다. 아이들 표현으로 아무리 무서운 선생님이라고 소문난 교사도 행동 패턴을 살펴보면 친절함이 더 많습니다. 그런데 왜 무섭다고 느낄까요? 그건 필요할 땐 단호하게 지적하기 때문입니다.

교사의 지적을 받을 때 아이의 태도는 보통 세 부류로 나뉩니다.

첫째, 교사가 지적하기 이전에 자신의 잘못을 인정하거나 수정하려 합니다. 교사가 아이에게 잘못된 상황과 행동을 인식만 시켜 줘도 됩니다. 눈짓 한 번, 도리질 한 번, 손바닥을 보여 주는 동작 한 번으로도 충분히 교사의 의도가 전달됩니다. 교사의 지적이 한두 번 정도 전해지면 아이는 부적절한 행동을 하지 않습니다. 몰라서 한 행동이 대부분입니다. 행동 교정도 빠르고 감정을 다치는 일도 없습니다. 오히려 모르는 걸 알게 되어 관계 형성에 긍정적인 영향을 줍니다. 보통 눈치 빠른 모범생들입니다.

둘째, 교사가 왜 지적하는지 잘 모르겠지만 일단 멈추고 교사의 지적을 듣습니다. 처음엔 왜 그러는지 잘 몰랐다가도 교사의 권위를 인정하고 들어 보면 아이는 무엇을 잘못했는지 압니다. 부끄러움이 밀려오면 눈물을 훔치기도 하고 얼굴이 빨개지기도 하지만 감정이 무너져 행동 수정을 하지 못할 수준은 아닙니다. 대신 한두 번의 지적으로 바뀌진 않습니다. 그렇다고 교사를 미워하지도 않습니다. '아차, 지키려고 했는데 또 어겼구나' 하고 시간이 지나면 고칠 건 고치고 바꿀 것은 바꿉니다. 교실엔 이런 아이들이 가장 많습니다.

셋째, 교사의 지적에 반감을 드러냅니다. "저만 그런 거 아닌 데요", "제가 안 그랬는데요", "딴 애도 했는데요", "딴 선생님(우리 엄마)은 해도 된다고 했는데요", 이것이 좀 더 지나치면 "왜 저한테만 뭐라고 하세요?"로 발전합니다.

이럴 때 교사는 아이가 적극 부인하면 거의 확신이 들더라도 "그러니? 선생님이 잘못 본 모양이구나" 하고 지적을 멈추는 것이 좋습니다. 특히 사소한 주의에 가까운 지적에도 불구하고 불에 덴 듯 화들짝 반응하는 경우라면 반드시 한발 빼야 합니다. 더 나가 봤자 감정싸움만 나기 때문입니다.

세 번째 유형의 아이 중 제가 만난 거의 대부분의 경우는 자신이 억울하다고 말합니다. 물론, 아이의 처지에서 보면 억울함이 전혀 없는 것은 아닙니다. 그러나 그런 아이는 평소 태만, 변명, 왔다 갔다 하는 자존감과 그걸 감추려는 삐뚤어진 자존심, 열등감과 우월감의 교차, 화남과 울화가 겹쳐져서 행동으로 나타납니다. 수업 중에도 혼자 지적받을 행동을 하고 여러 명이 말썽을 일으킬 때도 꼭 끼고 다른 아이들의 원성 속에도 끼어 있는 아이가 바로 세 번째 유형입니다.

교사는 감정노동을 합니다. 이런 아이는 교사의 감정을 상하게 합니다. 그러나 대놓고 혼낼 수만은 없습니다. 저도 교사로 오래 지내다 보니 이런 아이들의 상처가 눈에 보이고, 그래서 다독이기도 하지만 필요할 때 따끔하게 현실을 인식할 수 있도록 상담도 합니다. 하지만 지난날을 돌이켜 보면 피가 거꾸로 솟을 만큼 아이와 감정싸움을 격하게 벌였던 적이 있는 것도 사실입니다.

왜 그랬을까요? 세 번째 유형의 아이는 기본적으로 자신이 억울하다고 생각합니다. 그러면서도 애착과 인정에 집착하고 타인에 대한 시선을 의식하면서도 자신에 대한 자존감은 낮습니다. 그러나 나름 교실에서 살아남아야 하기 때문에 특별한 능력을 연마합니다. 바로 어른의 심리를 읽는 것입니다. 우린 이걸 교사의 간을 본다고 합니다. 아이는 제가 어떻게 나올지 간을 봅니다. 언제 찔러 봐야 하는지, 언제 우겨야 하는지, 언제 모른 척해야 하는지, 언제 못 들은 척, 아픈 척, 억울한 척, 우는 척해야 하는지 연습이 정말 잘되어 있습니다. 가끔 자기가 유리한 것이 생기면 자세하게 이야기하지만 자기에게 조금이라도 불리한 것은 기억나지 않는다고 하고, 얼버무리고, 소리치고, 뭉개고, 떠넘기고, 핑계를 댑니다. 교사가 바쁠 때를 귀신같이 알고 자기가 필요한 것을 이야기합니다. 안 들어주면 곤란한 것을 속속들이 찾아내고, 하기 싫은 것은 교묘히 피해 가려 합니다. 얼굴 나는 일은 먼저 하려 하고, 힘든 일이나 봉사는 하지 않거나 다른 아이를 시킵니다. 그러면서 마음속으로는 교사가 자기를 좋아해 주길 원합니다. 자기 방식대로 교사의 관심을 끌면 교사가 어떻게든 해 줄 거라고 생각합니다. 선생님이니까 나에게 잘해 줘야 한다고 생각합니다. 선생님이 조금이라도 실수하면 칼같이 지적합니다. 숫자 하나 틀린 것도 잡아냅니다. 이러니 셋째 유형의 아이와 교사와의 관계는 좋을 수가 없습니다.

그럼에도 보통의 교사는 첫째나 둘째 유형의 아이보다 셋째 유형의 아이에게 관심을 더 쏟아붓습니다. 한마디의 지적을 하기 위해 칭찬과 격려를 아끼지 않습니다. 그런데 셋째 유형의 아이는 잘하는 것을 인정해 줘도 믿지 않습니다. 대신 지적에 엄청 민감합니다.

칭찬과 격려도 많이 듣고 지적도 많이 들은 아이는 무엇을 기억할까요? 지적을 기억합니다. 지적만 기억할까요? 아닙니다. 교사의 지적을 지나친 혼냄, 편애, 자기만 싫어함, 교사의 잘난 척 등등으로 확대 해석합니다. 그럼 이렇게 해석하고 생각하는 걸 혼자만 감추고 있을까요? 아닙니다. 자신의 불안을 털기 위해 부모에게 말합니다.

"뭐라고? 뭐 그런 이상한 선생님이 다 있어?"

아이의 이야기를 듣고 부모가 더 불안해 하거나 교사의 지적에 분노하면 아이는 편안해 합니다. 자기가 해야 할 걱정과 불안을 부모가 대신 해 주기 때문입니다. 그래서 아이는 교사의 지적을 악의적으로 편집해 집에 이야기합니다.

오랜 시간이 지나 첫째, 둘째, 셋째 유형의 아이는 과연 어디서 저런 전술과 전략을 배워 오는지 알았습니다.

첫째, 둘째 유형의 아이도 셋째 유형의 아이와 비슷한 전략으로 부모를 대합니다. 그런데 방법이 다릅니다.

첫째 유형의 아이는 사실 교사에게 큰 관심을 받지 못할 수 있습니다. 놔둬도 잘하는데 간섭할 이유가 없습니다. 원래 잘하니 처음에 한 번 칭찬하면 같은 것으로 칭찬해 주지 않아도 됩니다. 그래도 자기 부모에게 교사에 대한 신뢰와 존경을 더 많이 보냅니다.

"오늘 우리 선생님 있잖아. 어쩌고 저쩌고~", 아이는 집에 가서 수업시간에 들은 교사의 이야기를 신나게 이야기합니다. 이런 아이가 첫째 유형일 가능성이 높습니다.

둘째 유형의 아이는 교사에 대한 신뢰나 존경을 그다지 많이 표현하지 않습니다. 대신 교사에 대한 불필요한 오해도 하지 않습니다.

그저 아이들끼리 놀기 바쁩니다. 숙제 좀 안 내줬으면 좋겠고, 노는 시간 많았으면 좋겠고, 공부 좀 덜하면 좋겠고, 방학이 빨리 왔으면 좋겠다고 생각합니다. 대다수의 아이들은 두 번째 유형입니다.

상담주간이 되면 부모를 만납니다. 셋째 유형의 아이의 부모는 상담이 가장 많이 필요함에도 불구하고 잘 오지 않습니다. 저는 상담이 필요한 부모는 부릅니다. 불러 보면 아이가 왜 교실에서 교사와 감정 싸움을 하는지 대충 눈치챌 수 있습니다.

문제는 부모가 그 이유를 잘 모른다는 겁니다. 늦어도 4학년까지는 가벼운 지도로 효과를 볼 수 있는데 그 이상이 되면 교사가 감당하기 어려운 수준에 이릅니다. 거기다 아이의 학교 이야기를 해 주는데 부모가 버럭 화를 내거나 믿지 않거나 교사의 지도 수준을 의심하는 경우라면 답이 없습니다. 아이가 부모로부터 어떤 전술과 전략을 전수받았는지 유추해 볼 수 있습니다. 아이가 부모에게 하던 방식대로 교실에서 교사에게 합니다.

첫째 유형의 아이 부모는 상담이 별 필요가 없는데 꼬박꼬박 옵니다. 그러면서 교사에게 고맙다는 인사를 많이 합니다.

"선생님을 만나서 많이 변했어요."

"선생님 때문에 학교가 재미있대요."

"요즘은 학교 가는 것이 즐겁다고 해요."

다시 말하지만 첫째 유형의 아이에게 교사는 별로 한 것이 없습니다.

내 아이가 어떤 유형인지는 교사와 상담하면 나옵니다. 아이가 교사에게 지적받아서 부모에게 이야기할 때 고민하고 걱정되는 것은 당연합니다. 그럴 때 더 고민하고 걱정하지 말고 교사와 직접 상담하는 것이 좋습니다. **감정은 빼고 예의를 갖춰 물어보면 거의 다 알려 줍니다.** 단 아무리 준비를 하고 가도 얼굴이 화끈거리고 쥐구멍에 숨고 싶은 마음이 들 수 있습니다. 한 번은 꼭 거쳐야 할 단계라고 생각하고 담담히 상담받는 연습을 하셔야 합니다. 아이가 부모와의 관계 속에 터득한 어떤 전술과 전략으로 학교에서 생활하며 교사를 대하는지 알 수 있는 흔치 않은 기회입니다.

손해만 보는 순진한
아이?

"우리 아이는 순진하고 뭘 잘 몰라서 영악한 아이들에게 잘 이용
당해요."

학기 초 이런 생각을 가진 부모들이 있다면 담임으로서 꼭 해 주
는 말이 있습니다.

"걱정 마세요. ○○는 학교생활 잘할 겁니다. 담임과 ○○를 믿고
기다리시면 됩니다."

학기 초 상담에서 부모가 자녀에 대해 순진하고 뭘 잘 모른다고
판단하고 교사에게 이야기할 정도면 이전 학년까지 부모의 양육 태
도는 예측 가능합니다. 바로 걱정이 지나친 것입니다.

심모원려深謀遠慮란 말이 있습니다. 깊이 고려하고 멀리까지 내다
보는 생각이란 뜻이죠. 심모원려는 세심하고 깊이 있는 고민과 성찰
에 대한 면도 있는 반면 반대도 있습니다. 걱정은 심모원려의 한 모
습처럼 보입니다. 걱정은 불안으로부터 자랍니다. 걱정으로 인해 준

비도 하고 미래에 대한 대비도 합니다. 그러나 지나친 걱정은 안 해도 되는 준비를 하게 하고 정작 준비해야 할 것들은 준비하지 못하게 합니다. 결국 지나친 걱정은 심모원려가 아닙니다.

학교를 대하는 부모의 지나친 걱정의 가장 큰 문제는 학교 교육의 전문가이자 학교에서만큼은 아이에게 지대한 영향을 줄 교사를 믿지 못하는 데 있습니다. 지나친 걱정인지 심모원려인지는 교사가 정확하게 볼 수 있습니다.

그렇다면 순진한 아이는 정말 학교생활에 손해를 볼까요?

거의 모든 부모들이 생각하는 현실적인 고민이지만 학교나 교사는 여기에 대해 뾰족한 답을 주지 않는 것도 사실입니다. 답부터 말하면 예상한 대로 순진한 아이는 학교생활에 손해를 보지 않습니다.

교사의 관점에서 순진한 아이라 함은 두 가지를 가진 아이입니다.

첫 번째는 편견 없이 자신과 타인을 바라보는 시선이고 두 번째는 새로운 것을 접하거나 배울 때 생기는 호기심입니다. 순진하다는 것은 별다른 게 아닙니다. 아이가 아이다운 것입니다. 단 그 아이는 경험과 배움이 부족할 뿐이죠. 부족한 경험은 경험의 기회를 주면 되고 그 과정 속에서 배움이 일어납니다.

아이도 순진한 아이를 좋아합니다. 교사도 순진한 아이를 좋아합니다. 그런데 '순진한 아이가 학교생활에 손해 본다'는 부모의 걱정은 어디에서 온 것일까요?

이건 결론부터 말하는 것이 좋겠습니다. 부모의 불안에서 기인합니다. 그 과정을 한번 기술해 보겠습니다.

1. 내 아이는 심성이 여리고 미약하며 소심하다.
2. 내 아이는 소심해서 선택을 잘 못한다.
3. 내 아이는 부정적인 타인의 영향을 많이 받는다.
4. 그래서 내 아이는 세심한 돌봄이 필요하다.

부모가 아이를 소심하다고 생각하는 건 아이에 대한 세심한 돌봄을 해 왔다는 뜻이고 그걸 학교에서도 해 줬으면 하는 바람도 섞여 있습니다. 일부 부모가 생각하는 소심함이란 아이 스스로 아무것도 할 수 없어 따라다니며 지켜봐야 한다고 여기는 것이죠. 앞의 「누구나 이상한 부모가 될 수 있습니다」에 나오는 과보호형 부모가 되는 겁니다.

과연 아이는 교실에서 이런 존재일까요? 만약 부모가 이런 것을 소심함이라 생각한다면 그건 아이의 성향이 아니라 부모의 성향일 가능성이 큽니다.

사회화와 배움을 기본으로 하는 학교생활은 그리 녹녹한 과정이 아닙니다. 성인 세계에서 일어나는 거의 모든 감정의 소용돌이가 교실에서도 일어납니다. 그럼에도 불구하고 무탈하게 지나가는 이유는 무엇일까요? 아이들이 가진 엄청난 감정의 항상성과 현실 적응력, 스펀지처럼 빨아들이는 학습력 때문입니다.

부모의 불안을 완벽하게 해소해 줄 수 있는 말은 없습니다. 아이와 교사를 믿는 부모라면 부정적 순진한 아이도 긍정적 순진한 아이로 학교생활을 할 수 있습니다. 그렇다면 부모가 아이를 믿고 교사를 믿게 하는 원동력은 무엇일까요? 그건 부모가 자신을 믿는 것입니다. 아이가 성장하는 만큼 부모가 성장하도록 진짜 심모원려해야 합니다. 방법은 공부, 공부 그리고 공부하는 것입니다. 공부하고 실천하는 것이 방법을 찾는 길입니다. 아이가 아닌 부모가 말이죠.

뭔가 대단한 것이 있는 것처럼 써 놓고 결국은 핑계를 부모에게 전가시키는 것처럼 보여 불편하신가요? 그렇게 보인다 해도 할 수 없습니다. 저의 의견은 한결같습니다.

순진한 아이 걱정하지 말고 부모가 공부해야 합니다.

상담받고 검사받아야
합니다

"선생님 왜 이전 학년 선생님은 이걸 알려 주지 않으셨죠?"

오랫동안 친구 관계에 어려움을 겪어 온 아이가 있었습니다. 부모도 걱정이 많았습니다. 아이가 학교에서 잘 지내는지 노심초사하고 있었고 6학년 때 오랜 설득 끝에 심리검사와 전문적인 상담을 받고 회복한 아이의 부모가 저에게 한 말입니다.

아이가 감기에 걸렸습니다. 병원 가서 처방받습니다. 약 먹고 학교 하루 쉽니다. 아이가 독감에 걸렸습니다. 병원 가서 검사받습니다. 확진이면 타미플루 먹고 처방받은 날만큼 학교 쉽니다. 감기는 일 년에 한두 번 늘상 있는 일이고 독감도 흔치 않지만 유행하다 보면 걸릴 수 있습다.

아이가 아프면 학교를 당연히 쉬어야 합니다. 어느 부모도 아이가 학교를 하루 쉰다고 해서 학업이 뒤떨어질 것이라 생각하지 않을 겁니다. 큰 병으로 인한 치료로 장기간 쉰다 하더라도 정상적인 체력만 돌아온다면 학업은 금방 따라잡을 수 있습니다. 그런데 이상한 현상이 있습니다. 아이는 교실에서 학업에 문제가 생기는 것보다 감정에 문제가 생기는 경우가 더 많고 흔합니다. 감정의 문제라고 해서 대단한 것도 아닙니다. 사회화 과정은 실패 과정에서 배우는 것이고 원래 시도 때도 없이 흔들리는 것이 감정입니다.

아이는 매일 감정이 흔들리고 흔들린 감정으로 인해 오해와 다툼이 생기지만 강한 감정의 항상성으로 제자리를 찾아가고, 그런 과정과 실패를 통해 감정 조절법을 배우며 점점 사회화되어 갑니다. 교사는 그 과정에서 감정을 자연스럽게 드러낼 수 있는 기회와 방법을 제시하는 것뿐입니다. 그런데 이것도 한계가 있습니다. 감정에는 정상 범주 또는 허용 범위가 있습니다. 즉 욕망과 불안 자체를 인정하면서도 그것이 허용되는 사회적(교실 내) 범위가 있는 것이죠.

교사는 불안이 걱정으로 변하고 각성될 때까지 관찰하고 있다가 과각성되면 개입합니다. 이때 교사의 개입은 특별한 것이 아니라 평범한 방법입니다. "기분이 나빴구나", "힘들었겠구나", "선생님이 어떻게 해 주면 좋겠니?"와 같이 욕망과 불안이란 감정을 인정해 주고 들어주며 공감해 줄 뿐입니다.

감정이 부딪친 아이들에게 서로 오해가 생긴 부분을 말하게 하고 듣고 싶은 걸 듣게 합니다. 이런 교사의 평범한 방법이 통하지 않으면 아이의 인지적, 정서적, 환경적 요인으로 확대해서 접근합니다. 감정이 흔들린 아이가 가진 자신의 항상성이나 교사의 평범한 개입만으로 안정을 유지하지 못할 땐 부모와 상담을 합니다. 진짜 문제는 여기서 발생합니다.

"○○의 학교생활에 대해 부모님과 상담이 필요합니다."

이 글을 읽는 교사와 부모는 그동안 아이 문제로 상담 전화를 주고받는 것이 얼마나 자유로웠는지 생각해 보세요.

교사는 여러 번 생각하고 전화를 합니다. 그런데 받는 부모 중 열에 아홉은 감정이 뒤틀립니다. 놀람, 경악, 수치심, 무력감, 좌절감이 수화기 너머로 배어 나옵니다. 격앙되거나 화를 내거나 가끔 무기력한 모습도 보입니다. 전화는 이런 부작용이 더 많기 때문에 저는 될 수 있으면 교실에서 대면하여 이야기하길 원합니다.

대부분의 교사는 부모와 아이의 감정에 대해 상담하는 것을 두려워합니다. 놀랍지 않은가요? 적어도 제가 겪어 본 동료 교사들은 그랬습니다. 더욱더 놀라운 건 부모는 더 두려워한다는 것입니다.

이런 두려움이 교사와 부모 둘 사이에 내재되어 있기에 일 년에 두 번 상담주간이란 기간을 정해 두고 합니다. 마치 정기적으로 열리는 시장처럼 기간을 정해서 열고 차례차례 시간을 나눠 상담하는 기현상이 정상처럼 벌어지고 있는 곳이 초등학교 현장입니다. 피할 수 없어서 오는 부모들도 많습니다. 너무 안타깝습니다.

왜 상담을 적극적으로 해야 하고 교사가 권하는 심리검사를 꼭 받아야 하는지 그 이유를 밝히겠습니다. 다시 말하지만 상담을 요청한 교사에게, 검사 의뢰를 하는 교사에게 억하심정을 가지거나 떠넘기지 않아야 합니다. 그건 아이에게 아무 도움이 안 되기 때문입니다.

상담의 목적은 교실이 아닌 가정이나 학교 밖 환경, 상황에서의 아이에 대한 정보를 듣고 전략을 수립하기 위한 것입니다.

교사가 상담을 통해 부모로부터 교실이 아닌 곳에서의 아이에 관한 이야기, 양육 과정과 환경, 가족 구성 등을 듣고도 원인을 못 찾을 때 검사를 권유합니다. 부모는 고심 끝에 교사의 권유를 받아들여 결심합니다. 한고비 넘기면 더 큰 고비가 찾아옵니다. 밤늦게 전화가 옵니다.

"**남편**(아내, 할아버지, 할머니)이 반대가 심해요."

제 아들의 과거를 공개하겠습니다. 초등 6학년 때 온라인으로 실시하는 스마트폰, 인터넷 중독검사에서 중독으로 나왔습니다. 이러면 학교에서는 상담, 검사에 관한 동의서가 발부됩니다. 우리나라는 강제 상담, 검사 같은 조항이 없기 때문에 부모의 동의가 필요하죠. 인권 보호를 위해 참 좋은 제도이나 아이보다 불안이 심한 부모에겐 안 좋은 제도입니다.

"아들아, 결과가 이렇게 나왔으니 아빠는 네가 상담과 검사를 받아야 한다고 생각해. 물론 아빠도 같이 해야지."

부모의 선택에 의해 결정되는 해도 되고 안 해도 되는 상담과 검사였지만 전 휴가를 내고 아들과 함께 교육청 위wee센터를 방문해 6주 상담 프로그램을 신청하고 검사를 받았습니다. 그리고 6주 동안 아이를 데리고 상담을 다녔죠. 상담 프로그램이 훌륭하다든가 적절하다든가 하는 건 부차적으로 생각했습니다. 검사 결과는 나오는 대로 수용하겠다고 생각했습니다. 같이 들어 보니 꼭 스마트폰, 인터넷 중독이 아니라도 일반적인 감정 조절과 생활 태도에 관한 좋은 내용이 많았습니다. 그냥 감기나 독감이 걸려 병원 다니는 것과 같다고 생각했기에 무덤덤했을지도 모릅니다.

아이들은 보통 7세 즉 초등학교 입학 시기에 부모로부터 심리적 독립을 시도합니다. 사회화는 여기서부터 시작되고 9세에서 10세 사이에 심리적 독립을 합니다. 자연스러운 발달과정입니다.

문제는 이 시기엔 필연적으로 엄청난 감정의 소용돌이를 겪습니다. 감정이 위축되면서 우울도 생깁니다. 부모님들은 이런 모습에 무척 놀라지만 교실에서 매번 봐 온 저로선 그다지 놀랍지 않습니다. 호미로 막을 걸 가래로도 못 막는 것은 감정의 대처에서도 마찬가지입니다. 아이가 어른보다 훨씬 강하다고 믿어도 됩니다.

대부분의 병증에 대한 표준적인 처방이 나와 있듯 감정에 대한 대중적이고 표준적인 상담과 검사 및 처방에 관한 임상은 거의 다 나와 있습니다.

담담히 받아들이는 부모의 마음가짐이 더 중요합니다. 그래야 교사의 역할도 명확해집니다.

아이는 얼마든지 흔들리고 문제 행동을 할 수 있지만 적절한 상담과 검사를 통한 처치와 관리를 받으면 충분히 호전될 가능성이 높습니다. 늦게 발견하거나 미루거나 두려워하면 더 큰 비용과 손실을 감수해야 합니다.

10세 이전이 마지막이라 생각하시길 바랍니다. 그 이후가 되면 감정이 구멍 난 채 사는 방법을 배워야 합니다. 감정의 탄력성과 항상성이 살아 있을 때 상담받고 검사받아야 합니다.

◆ 사례 1 ◆

6학년 진웅이 어머니는 진웅이에게 기대가 크다. 어릴 때부터 똑똑하다는 소리를 줄곧 들었고 4학년 때부터 학교 영재반에 다니며 부모를 기쁘게 했다. 그래서 진웅이의 장래를 위해 과학고 진학을 목표로 두고 전문 학원에 다니면서 벌써 중학교 상위 과정을 하고 있다. 그런데 부모가 학원에서 컨설팅을 받아 보니 진웅이의 성적은 안심할 수 없다고 해서 금액이 좀 부담스럽기는 하지만 특별 과정을 생각해 보고 있는 중이다.

◆ 사례 2 ◆

초등학교 4학년인 여진이의 부모는 아이의 공부로 인해 걱정이 생겼다. 자녀를 과학고에 보낸 친척과 이야기를 하다 보니 여진이를 너무 방임하고 있는 것 아닌가 싶었기 때문이다.

"4학년 때 성적이 대학을 좌우한다니까? 지금 시작하면 좀 늦긴 했지만 그래도 여진이를 과학고에 보낼 수 있어. 영재교육을 미리 받아 놓으면 과학고에 못 가더라도 도움이 될 거야."

여진이에게 고등학교는 아직 먼 미래라고 생각했지만 친척의 권유로 전문 학원에서 컨설팅을 받아 본 결과 기초 실력이 부족해 다른 학원에서 기본기를 다지고 와야 한다는 진단을 받았다.

학교 시험에서 늘 90점* 이상은 받았고 학습 태도가 좋다는 담임 선생님의 칭찬도 들어 왔다. 그런데 학교에서 본 시험 결과와 학원에서 본 레벨 테스트는 천지 차이였다.

여진이 어머니는 컨설팅 받던 중 학원 관계자로부터 들은 이야기가 자꾸 귀에 맴돌고 있다.

"어머니, 여진이를 너무 방치해 두셨어요. 지금부터 시작하지 않으면 나중에 과학고나 외고 같은 특목고는 아예 생각도 할 수 없게 됩니다. 그런 면에서 여진이에게는 마지막 기회라고 생각하세요. 저희 학원에서 마침 이번에 기초가 부족한 학생들을 육성하는 프로그램을 개설해 특목고 반을 모집하고 있어요. 벌써 거의 다 차서 몇 자리밖에 남지 않았습니다."

◆ 사례 3 ◆

중학교 2학년인 성수의 어머니는 요즘 참담한 기분이다. 성수의

◆ 현재 대부분의 초등학교에서는 일제고사를 보지 않으나 이해를 돕기 위해 과거의 상황으로 재구성했습니다.

성적이 곤두박질치기 시작했기 때문이다. 요즘 들어 부쩍 줄어든 말수와 초조한 듯한 성수의 태도 때문에 말도 제대로 붙이지 못하는 형편이다. 특히 얼마 전에 성수로부터 들은 이야기는 어머니의 마음을 더 심란하게 한다.

"엄마, 나 학원 다니기 싫어."

이유를 물어도 말하지 않는 성수 때문에 심란하고 속이 상한 어머니는 성수가 다니는 학원에 전화를 걸었다.

"어머니, 성수가 요즘 침체기라서 힘들어 하는 거예요. 워낙 성실한 아이니까 조금만 참으시면 됩니다. 요즘 성수 같은 아이들을 위한 별도의 프로그램이 준비되어 있는데 효과를 보는 아이들이 많아요. 네 명 이하의 소수 정예반이라 성수에게는 딱 맞는 과정이 될 겁니다."

하소연할 데도 없는 어머니의 고민은 더 깊어만 간다.

아이들이 중학교에 진학하면 과학고나 외고 등 특목고 열풍이 오히려 잦아든다. 석차가 나오면서 최상위권을 제외한 아이들은 자신의 수준을 파악하고 포기한다.

― 중학교 교사(경력 32년)

과학고에 들어오는 학생들은 실력도 물론이거니와 일반고 학생들보다 자부심이 뛰어나다. 그러나 2년 만에 고등학교 전체 과정을 끝내야 하고 많은 프로그램에 참여하는 빡빡한 커리큘럼을 소화해야 해서 적응을 힘들어 하는 아이들도 많다. 영재성이 뛰어난 아이들은 훌륭히 과정을 수행해 나가지만 자신의 의지나 영재성 없이 과학고에 온 학생들은 많은 어려움을 겪고 힘들어 하는 것도 사실이다.

– 과학고 교사(경력 15년)

과학고에서는 세 가지의 능력이나 기반이 요구된다. 영재성, 노력, 그리고 선행학습이다. 1학년 때 물리 시간에 미적분을 하지 못하는 학생은 나뿐이었다. 같이 공부해 보면 영재성을 가진 아이는 타고나는 것 같다. 나는 노력과 선행학습으로 과정은 이수할 수 있었지만 영재성을 능가하지 못하기 때문에 많은 시행착오와 고통을 겪었다. 영재성을 가진 학생들은 과학고 안에서도 10퍼센트 미만이다. 자신의 의지 없이 도전한다면 입학해도 과학고 생활은 실패하기 쉽다.

– 과학고 졸업생

학원에서 수강하는 학생들의 레벨 차이는 존재한다. 하지만 공부 잘하는 아이들을 가르치는 것은 오히려 더 쉽다. 잘하는 아이는 책만 던져 줘도 해결하려고 노력하고 실제로 해낸다. 학교와는 달리 학원을 오는 아이의 부모는 자녀교육에 대한 문제를 매우 적극적으로 드러내고 상담하려 한다. 문제는 부모의 불안과 욕망이 담겨 아이의 현재 능력보다 더 높은 수준의 교육을 해 주길 바란다는 점이다. 영재성이 없는 아이가 부모의 기대로 특목고에 도전하는 것은 매우 위험천만한 일이다.

– 학원장

사교육에서도 적기학습과 후행학습을 강조하고 싶다. 그것이 옳다고 생각한다. 하지만 현실은 적기학습이나 후행학습이 필요한 아이들조차 부모의 기대로 선행학습을 통해 영재교육을 준비하려 한다. 초등학교 때가 가장 심하다. 아직 아이가 가능성이 있다고 부모가 판단하기 때문이다. 아이의 능력에 대해 적절한 조언을 해 주고 싶지만 부모의 입김이 강한 사교육 현장에서는 쉽게 말해 주기 어려울뿐더러 심한 경우 다른 곳으로 옮기기 때문에 운영의 어려움이 많다.

– 대형 프렌차이즈 사교육 업체 직원

초·중학교, 교육청, 대학교 부설 영재원 등에서 수학과 과학 영재교육을 받고 과학고에 입학해 우수한 성적으로 졸업했다. 부모가 특별하게 해 준 것은 없었다. 대신 아이 스스로가 목표를 세운 것은 끝까지 해내는 집중력이 뛰어났다.

– 과학고 조기 졸업생의 학부모

영재란 무엇일까요? 사전적 의미로는 탁월한 재능과 소질, 발전 잠재력, 상위 2퍼센트 정도의 지능을 가진 아이를 영재라고 합니다. 수학, 과학, 언어 능력이 뛰어난 아이를 선발해서 가르치는 것이 영재교육이고 과학고등학교나 외국어고등학교 등의 특수목적고(특목고)도 이러한 영재들을 위한 학교입니다.

언제부터인가 초등학생들에게도 특목고 진학이라는 주제가 심심치 않게 오르내리고 있습니다. 초등학교에서는 이것이 영재교육이란 이름으로 실시되고 있습니다. 그렇다면 초등학교에서 영재아가 어떻게 선발되는지 간략히 알아보겠습니다.

먼저 아이가 영재라고 생각되는 부모가 영재교육종합데이터베이스 GED 에 가입하여 정해진 기간에 영재교육 지원신청을 합니다. 이때 학부모 체크리스트, 학부모지원서(학생용), 아이의 리더십 자기검사와 담임이 관찰한 네 가지 체크리스트가 필요합니다.

영재 행동 특성검사, 과학 적성 체크리스트, 창의적 인성검사, 리더십 특성검사 중 총 20개의 문항으로 구성된 과학 적성 체크리스트는 아이가 영재인지 아닌지 교사가 한눈에 알아볼 수 있습니다.

예를 들어 봅시다. 부모는 과학에 관심이 있는 아이를 영재라고 생각합니다. 그런데 교사가 작성하는 과학 적성 체크리스트에 따르면 1점에 불과합니다. 적어도 3점쯤 되려면 교실에서 과학에 무척 관심이 많은 아이여야 하고 5점이면 학교에서 과학에 완전히 몰입하는 아이로 소문이 날 정도입니다. 이런 문항이 20개입니다.

그러나 실제 영재원에 들어가는 데 가장 중요한 건 영재원에서 치르는 영재시험입니다. 영재원은 교육청만 운영하는 것이 아닙니다. 과학고등학교에서 자체적으로 운영하는 것도 있고 대학교에서도 영재원을 운영합니다.

◆ 한국교육개발원(KEDI)에서 관리하는 영재교육에 관한 선발과 관리의 종합데이터베이스 시스템입니다. https://ged.kedi.re.kr/

배점 항목	1점	3점	5점
과학에 관심이 있다	− 자연이나 과학과 관련된 책을 즐겨 찾는다. − 과학 관련 게시물에 관심을 보인다. − 과학 탐구 활동(실험)에 관심이 많다. − 새로운 실험 기구에 관심이 많다.	− 발명에 관심이 많다. − 과학기술 관련 직업에 관심이 많다. − 신기하거나 희귀한 동식물을 직접 수집하거나 키우려고 한다. − 과학 관련 동아리나 방과 후 교실에 소속되어 활동한다.	− 불편을 해소하기 위해 도구를 구상하고, 직접 제작을 하기도 한다. − 최신 과학기술에 관심을 가진다. − 과학기술 직업과 관련된 자료를 많이 본다. − 과학 관련 행사나 대회에 적극적으로 참여한다.

과거와 달리 근래 영재교육의 추세는 조금이라도 가능성 있는 아이나 열의를 가진 아이에게 기회를 주는 방향으로 바뀌고 있습니다. 그도 그럴 것이 부진아를 위한 특수교육이나 검사는 꺼려 하지만 영재교육은 부모의 관심이 많아도 너무 많습니다. 이런 분위기 속에서 민원을 최소화하기 위해서라도 기회를 다양하게 주는 방향으로 영재교육이 이뤄지다 보니 질적 수준이 높지 않습니다.

영재는 2퍼센트 안에 들어가는 발전 잠재력과 지능을 가진 아이라는 걸 잊으면 안 됩니다. 문제는 너도나도 영재교육이나 특목고 진학에 목을 매는 현실이 공교육의 근간을 흔들고 있다는 점입니다. 우수한 인재를 조기에 발굴하고 국가 경쟁력을 강화하기 위해 영재들을 교육시켜야 한다는 당위성 자체에 이의를 제기할 생각은 없습니다. 하지만 초등 4학년 이상의 공부가 특목고를 결정짓고 명문대를 보장한다는 부모님들의 신앙과 같은 신념은 지적해야 할 필요가 있기에 초등학교에서 벌어지고 있는 현상을 이야기해 보고자 합니다. 우연인지 필연인지 모르겠지만 초등 4학년부터 영재교육의 문이 열려 있고 이것은 사교육의 또 다른 유형으로 퍼져 있습니다.

과거에도 아이들이 사교육을 받지 않은 것은 아닙니다. 부족한 과목을 보충하기 위해서나 태권도, 미술, 피아노 등 예체능의 기능을 익히기 위한 사교육은 예나 지금이나 존재했습니다.

하지만 지금은 공부를 잘하는 아이도 벌써부터 영재교육이나 특목고를 준비하기 위해 수학과 영어에 엄청난 선행학습을 합니다. 최상위층의 아이들이 준비를 하면서 그 여파가 아래로 내려오고 초등학교 고학년이 되면 전체적으로 성적에 대한 굉장한 압박을 받게 됩니다.

보통 교육을 지향하는 공교육에 비해 사교육은 대입과 더불어 특목고라는 새로운 입시시장으로 인해 이미 몇 해 전부터 과거와는 비교할 수 없을 정도로 촘촘하게 계층화된 프로그램을 실시하고 있습니다. 이것은 서울뿐 아니라 웬만한 지방도시에서도 벌어지고 있는 현상이고 지방에서도 가능성이 있다고 생각되는 아이의 부모들은 주말이나 방학에 서울까지 가서 수업을 듣게 하는 데 주저하지 않기도 합니다.

영재교육으로 시작해서 특목고를 정점에 둔 사교육 시장의 계층화와 내 아이에게 늦기 전에 기회를 제공해야 한다고 생각하는 학부모의 투자는 정작 많은 아이들을 고통으로 몰아넣고 있습니다.

오히려 초등학생 자녀를 둔 학부모의 영재교육을 올바로 바라보는 시각이 어느 때보다 더 중요해졌습니다. 내 자녀에게 영재성이 있는지 없는지 판별하는 것은 사교육이 아닌 공교육에서의 영재교육 프로그램이 더 적절하다고 봅니다.

영재교육에 대한 선택은 부모가 할 수 있습니다. 하지만 부모의 선택에 앞서서 결정은 아이가 스스로 내려야 합니다. 영재교육과 특목고에 관해서는 어떤 선택과 결정도 최선의 방법일 수 없습니다. 특목고에 가서 성공할 수 있는 것은 무엇보다 영재성이 최우선입니다. 그렇다면 누가 그런 가능성을 가장 객관적으로 보고 파악할까요? 아이가 영재성을 가졌는지 아닌지는 담임이 판단하면 됩니다. 4·5·6학년의 경우 최소한 한 학기 이상 가르치면 아이가 영재성이 있는지 없는지 판단이 됩니다. 이걸 어떻게 아느냐고요? 영재성은 한번 반짝하고 나오는 것이 아니라 일상의 수업에서 꾸준하고도 일관성 있게 발견되기 때문입니다.

"○○는 수학(과학 혹은 영어)에 특별한 재능이 있습니다. 영재교육을 추천합니다."

담임이 부모에게 이런 이야기를 상담시간에 할 수 있으면 아이가 능력이 있는 겁니다.

"선생님, ○○이 영재원 신청해 뒀습니다. 담임 체크리스트에 잘 평가 부탁드려요."

그러나 현실은 부모가 자료를 다 준비해서 담임에게 통보하지요.

참 씁쓸합니다.

보편적인 교육을 담당하는 학교 교사는 영재성 있는 아이에 대한 교육방법을 잘 알지 못합니다. 이것은 장애가 있는 아이를 대할 때와 마찬가지입니다. 특수교육 안에 장애교육과 영재교육이 같이 존재하는 것으로도 그 이유를 알 수 있습니다.

잠깐 혹하고 지나가는 재치가 아닌 일관성 있는 영재성을 이해관계 없이 관찰할 수 있는 눈을 가진 집단도 어찌 보면 사교육 컨설턴트가 아닌 공교육 교사일 가능성이 더 높다는 사실을 받아들인다면 아이에게 적절한 교육 방법을 제공할 기회가 되지 않을까요?

지금의 과열된 영재교육과 특목고에 대한 사교육 열풍은 많은 부모들과 아이들을 출구 없는 공포로 몰아넣고 있다는 사실을 잊어서는 안 됩니다.

두 엄마 이야기

몇 년 전 이야기입니다. 3월이 시작되고 2주쯤 흐른 어느 날의 일입니다.

학교 인근 팬시점 주인은 CCTV에 찍힌 두 명의 여자아이 사진을 가지고 교무실로 왔습니다.

"이번엔 그냥 넘기지 않을 겁니다."

단단히 화가 난 팬시점 주인은 이미 사진의 주인공이 누군지 수소문해 알고 있었습니다. 두 아이는 우리 반 효주와 영선이었습니다.

효주(가명)와 영선(가명)이는 3학년 때부터 단짝으로 지냈습니다. 외동으로 자랐지만 누구와도 잘 어울리고 피아노, 바이올린 등 악기도 잘 다뤄 친구들에게 인기가 많은 효주에 비해 영선이는 효주만 바라보는 경향이 있었습니다.

4학년이 되어 사춘기 초입에 다다른 효주와 영선이는 지난겨울부터 부쩍 외모에 관심이 많아져 간단한 화장품을 파는 팬시점을 자주 갔습니다. 부족한 용돈으론 사고 싶은 화장품을 살 수 없어 충동적으로 한두 개 슬쩍 했다 걸린 것입니다.

그 팬시점은 인근 여러 학교 여학생들의 단골 놀이터였고 장사가 잘되는 반면에 사라지는 물품도 종종 생겨 주인은 화질 좋은 CCTV까지 설치하게 되었습니다.

"제가 잘 달래고 지도하겠습니다."

교무실에서 버티고 있는 주인을 잘 달래 보내고 상담실에서 효주, 영선이와 이야기를 나누었습니다. 겁에 질려 하얀 얼굴이 더 하얗게 된 효주와 아직도 무슨 영문인지 모르겠다는 듯 멍한 표정의 영선이는 열심히 경위서를 쓰고 있었습니다.

아이들이 쓴 경위서를 읽어 보니 효주는 반성을 아주 많이 하고 있는 반면 영선이는 사실관계를 적는 것조차 어려워했습니다. 자기중심적인 시선이 강해 이야기의 앞뒤가 맞지 않는 부분도 많았습니다. 이런저런 이야기를 해 본 바로 충동 그 이상도 그 이하도 아닌 듯 보였습니다.

단, 저지른 잘못에 대해 반성하고 용서를 빌며 훔친 물건에 대해서는 배상해야 한다는 원칙을 세우고 바로 부모님을 학교로 불렀습니다. 얼마 지나지 않아 효주와 영선이 어머니는 허겁지겁 학교로 오셨습니다. 어머니들은 얼마나 놀랐을까요? 그래도 두 분은 최대한 침착함을 유지하려고 노력했습니다.

"담임인 저도 놀랐지만 어머니들도 놀라셨을 겁니다. 그러나 저는 이번 일을 아이들의 성장 과정이라 생각하고 지도하려고 합니다. 그러니 두 아이의 장래를 위해 교사와 부모가 어른으로서 해야 할 일이 무엇일까 함께 생각해 봤으면 좋겠습니다."

어머니들을 달래면서 지도 의도를 알렸습니다. 두 분 다 저의 뜻을 받아들이면서도 태도는 조금 달랐습니다.

"선생님 정말 괜찮은 거지요? 이번 일로 잘못되는 것 아니지요?"

효주 어머니는 이번 일로 충격을 엄청나게 받은 듯했습니다. 그에 반해 영선이 어머니는 끝까지 제 말을 경청한 후 담담하게 의견을 말했습니다.

"죄송합니다. 선생님과 학교가 지도하는 대로 잘 따르겠습니다."

어머니 상담을 하면서 효주 어머니의 불안을 줄이는 데 많은 시간을 할애했습니다.

저의 생각과 작전은 이랬습니다. 방과 후에 효주와 영선 그리고 어머니 두 분이 팬시점을 찾아 주인에게 사과하고 적절한 배상을 하기로 했습니다.

"아이들을 혼내는 것은 그리 의미가 없습니다. 이미 이 상황은 아이들에게 벌입니다. 어머니께서 직접 머리를 조아리며 사과하는 모습을 아이들이 보게 하는 것이 핵심입니다. 교육적인 행위라고 생각하세요. 이번 일로 아이들이 많은 것을 배우게 될 것입니다."

효주 어머니는 처음엔 받아들이기 힘들어 했습니다. 금지옥엽으로 키워 온 효주가 가게에서 물건을 훔쳤다는 사실이 믿기지 않았던 모양입니다. 거기다 부모가 직접 가서 머리를 조아리고 사과와 배상을 하라는 담임의 조언은 더 충격이었을지도 모릅니다.

저도 같이 가서 힘을 보태 드릴 수 있다고 했지만 어머니들은 사양하고 그날 아이들과 함께 물건값을 물어 주고 사과하는 차원에서 마무리되었습니다. 팬시점 주인이 터무니없는 배상금액을 요구하는 바람에 내홍이 없지 않았지만 이 또한 부모와 아이들이 겪어야 할 인생 실전 경험이라 생각하고 감내했습니다.

1학기 동안 여학생들은 묘한 분위기가 지속되었습니다. 겉으로 보기엔 차분했지만 수업시간에 발표 등의 활동을 꺼렸습니다. 질문이라도 할라치면 어딘가 모르게 서로 눈치 보는 분위기가 역력했습니다.

여학생들은 자주 다퉜습니다. 사소한 오해가 풀리지 않았습니다. 화해공감수업은 일주일이 멀다 하고 벌어졌고 효주와 영선이는 여학생들의 분란의 중심에 있었습니다. 3학년 때까지는 단짝이었던 효주와 영선이는 사이가 틀어지기 시작했습니다.

학년 초 팬시점 사건에서 효주와 영선이는 진술을 하면서 서로에게 실망했습니다. 위기 상황에 살아남기 위해 모른 척하고 책임을 떠넘기고 기억나지 않는 기술을 썼는데 그것이 친하게 지내던 서로에게 반목의 씨앗이 된 것입니다.

보다 활발하고 대인관계 기술이 좋은 효주는 영선이가 아닌 다른 아이들과 어울리기를 좋아했고 영선이는 그런 효주가 서운했습니다.

팬시점 사건이라는 어려운 고비도 잘 넘겼다고 생각하는 영선이는 효주가 자신을 멀리하는 것에 마음 상했고 효주는 새로운 친구를 사귀는 과정에 영선이에 대한 뒷담화를 하기도 했습니다. 매번 영선이는 우울해 했고 그때마다 저에게 도움을 요청했습니다.

화해공감수업은 교실에서 생긴 불만을 공개적인 자리에서 수업의 형태로 직접 풀어내는 우리 반의 특별활동입니다. 갈등이 생긴 아이들이 담임에게 고자질하는 것이 아니라 반 아이들에게 이야기하여 불필요한 오해와 억측을 줄이며 갈등의 본질에 바로 들어가는 장점이 있습니다. 대부분의 사소한 오해는 이 과정 속에서 자연스럽게 풀립니다.

효주와 영선이를 비롯한 여학생들은 상담실에 모여 못다 한 이야기를 나누고 울음바다 속에 사과와 용서의 시간을 가졌습니다. 며칠 동안 잠잠하다 영선은 다시 우울해지고 화해공감수업과 사과와 용서의 과정이 반복되었습니다.

급기야 제가 먼저 영선이 어머니에게 전화를 해서 저간의 사정을 다 이야기했습니다.

"선생님을 믿고 기다렸습니다."

영선이는 학교에서 일어난 일을 모두 엄마에게 털어놓았습니다. 자신의 불안을 엄마에게 털어놓으면서 안정을 찾으려 했던 것입니다. 어머니로부터 들은 이야기는 학교에서 저에게 털어놓은 영선이 이야기보다 강도가 더 높았습니다.

"잘 참으셨습니다. 어머니께서 안정되게 참고 기다리시니 점점 좋아질 겁니다."

걱정은 되나 차분하게 응대하고 기다리는 영선이 어머니의 모습에서 희망을 찾았습니다.

가을이 되어 바람이 점점 차가워지고 낙엽이 지는 시기가 왔습니다. 학예회 준비로 교실은 어수선하고 떠들썩했습니다. 영선이는 난타를 했는데 힘 있는 리듬감에 담당 선생님의 칭찬을 받고 때마침 모집한 풍물부에서도 소질을 발휘했습니다. 수학을 영 싫어해 자존감이 떨어졌는데 친구끼리 배우는 과정을 계속하면서 어느 순간에 쑥 커 버린 영선이를 볼 수 있었습니다. 얼굴빛이 달라졌습니다.

"영선아, 요즘 참 편안해 보인다."

배시시 웃는 영선이는 예전과 다른 모습이었습니다. 꼭 효주가 아니어도 새로 사귀는 친구들과 곧잘 어울렸습니다.

"다 어머니가 담임과 영선이를 믿어 주신 덕분입니다."

2학기에 영선이 어머니를 만났을 때 고마움을 말했습니다. 영선이 어머니도 그간 있었던 수많은 고단함들을 내비치며 눈물이 그렁그렁해졌습니다.

영선이는 제 궤도를 찾았습니다. 그런데 효주에게 뭔가 이상한 기운이 감돌았습니다. 자기보다 못하다고 생각했던 영선이가 안정되고 다른 친구들과 잘 지내자 효주는 이전과 다른 모습을 보였습니다. 딱히 겉으로 드러나게 보이는 건 아니지만 좀 더 예민해지고 안정감이 떨어지며 초조해지는 듯한 모습이 보였습니다. 사실 효주는 외동딸로 가정에서 많은 관심과 혜택을 받고 있지만 어머니에 대한 부담감을 가지고 있었습니다.

"엄마가 좋아요. 엄마를 사랑해요. 하지만 부담스러울 때도 있어요."

언젠가 수업시간에 부모님에 대한 이야기를 나누다 효주가 무심

결에 한 말이 속마음을 들여다보는 기회가 되었습니다.

효주는 분명 잘하는 아이였습니다. 그런데 만족하는 기준이 모호하고 불안해 보였습니다. 효주 어머니를 상담하면서 그 불안함이 좀 더 분명하게 보이는 듯했습니다. 효주의 작은 행동 변화와 감정 변화를 어머니는 잘 간파하고 있었습니다. 문제는 효주의 행동과 감정 변화에 지나치게 많은 의미를 부여한다는 점이었습니다.

"별 문제 아닐 가능성이 높습니다. 강도와 빈도 추세와 경향성을 보는 것이 중요합니다. 학교에서 크게 문제점이라고 할 만한 점은 아직 발견하지 못했습니다."

담임의 관찰에 의한 대증적인 방법들에 대해서 그다지 신뢰하지 못한다는 느낌을 받았습니다.

"담임이 인정하고 칭찬하더라도 효주 스스로 만족하지 못한다는 느낌을 받았습니다. 가치판단과 인정의 기준이 담임이 아닌 다른 데 있다는 생각이 듭니다."

조심스레 건넨 이 말에 효주 어머니는 깊은 한숨을 쉬었습니다.

"사실 문제는 저일 수 있어요."

효주 어머니가 효주를 사랑하는 마음은 느낄 수 있었습니다. 결혼 전 좋은 직장을 다니고 있었음에도 불구하고 효주를 낳은 후 잘 키워 보겠다는 일념에 육아와 교육에 전념했다고 합니다. 조금씩 발전해 가는 효주의 모습에 기뻐하고 기대도 컸습니다. 그런데 3학년 때부터 조금씩 엄마를 벗어나려 하는 모습에 걱정과 서운함이 몰려왔고 지난번 팬시점 사건으로 엄청난 실망을 하고 말았습니다.

효주는 엄마에게, 엄마는 효주에게 서로 소중하고 사랑하는 존재란 것을 느낄 수 있었습니다. 하지만 효주가 엄마를 벗어나고 싶어 하는 것도 자연스러운 것이란 걸 알려 줬습니다.

"어머니, 어찌 보면 효주는 어머니와 제가 생각하는 것보다 더 훌쩍 커서 멀리 떠나 있을지 모릅니다. 효주를 사랑하는 만큼 효주를 믿고 보내 주는 것도 부모의 역할입니다. 어머니가 효주를 사랑하는 만큼은 아니라도 저를 비롯해 효주를 도와주는 주변을 믿는 것이 필요합니다. 그리고 어머니는 어머니의 행복을 위해 노력하세요. 그것이 효주의 행복을 위해서도 필요한 일입니다."

어머니와의 상담이 효과가 있었는지 아닌지는 몰라도 효주도 예전의 화사한 활발함을 찾아갔습니다. 언제 그랬냐는 듯 효주와 영선이는 다시 몰려다니며 재잘거리곤 했습니다. 다른 친구들과도 잘 어울렸습니다.

효주와 영선이는 무사히 4학년을 마치고 다음 학년으로 올라갔습니다. 아마 두 녀석은 어머니들과 제가 얼마나 마음을 졸였는지 모를 겁니다.

아이를 키운다는 건 또 다른 자신의 모습을 아이를 통해 보는 것입니다. 저를 믿고 묵묵히 그 과정을 함께해 주신 두 분 어머니들께도 이 기회를 빌려 참 고생하셨다는 말씀을 드리고 싶습니다.

"정말 애쓰고 고생하셨습니다."

2장

아이의 학교생활
그리고
공부

아이의 고민과 부모의 고민이 극명하게 갈리는 지점이 공부입니다. 공부에 대한 고민은 고민의 많고 적음의 문제가 아닙니다. 공부를 바라보는 아이와 부모의 관점이 차이가 납니다.

공부에 대해 고민은 많은데 정작 왜 공부하는지에 대한 고민은 잘 하지 않습니다. 공부에 대한 고민과 성적에 대한 고민을 구분하지 않습니다. 공부에 대한 고민과 진로에 대한 고민을 구분하지 않습니다.

공부의 고민 안에는 관계의 고민도 숨어 있습니다. 아이는 성장과 관계의 고민이 끝나면 공부에 몰입을 합니다.

아이와 부모가 가장 많은 다툼을 하는 것도 공부에 있습니다. 학교생활과 공부는 떼려야 뗄 수 없는 관계입니다. 아이도 부모도 교사도 공부에 대해 깊은 고민이 필요한 순간입니다.

초등학교는 기초와 기본을 배우고 익히는 곳입니다

초등학교 교육을 기본과 기초의 교육이라고 합니다. 초등학교에서 가장 중요하게 생각하는 것도 바로 기본과 기초입니다.

초등학교 교육은 학생의 학습과 일상생활에 필요한 기초 능력 배양과 기본 생활 습관을 형성하는 데 중점을 둔다.

이것이 바로 교육과정에 명시된 초등 교육목표의 본질입니다. 여기에는 기본과 기초에 대한 것이 명시되어 있습니다. 기본이란 생활습관 즉 태도에 관한 것이고, 기초란 일상생활에 필요한 능력이란 뜻입니다. 초등학교에서 요구하는 기본과 기초는 이렇듯 중후 장대함이 아니라 바람직한 민주시민으로 성장하기 위해 꼭 필요한 능력을 배양하는 데 있고 그것은 아주 간결한 형태인 기본과 기초로 요약할 수 있습니다. 4차 산업혁명과 창의인재육성으로 미래교육을 대비해야 한다고 합니다. 최첨단 멀티미디어 사회이고 통섭과 창의, 지식 정보화가 대세인 시대에 살고 있습니다. 그러나 최첨단을 달리고 있는 현실 역시도 원인과 결과에 대한 인과관계가 존재하고, 획기적인 발명과 발견, 창조적인 성과물도 기본과 기초 없이는 무용지물입니다. 초등학교에서 말하는 기초 능력은 학습에 대한 것입니다. 구체적으로 말하고, 듣고, 읽고, 쓰고, 셈하는 능력을 말합니다. 아이들이 학원에서 선행학습을 많이 해 와도 기초 능력이 안 되는 경우가 많습니다.

말하고, 듣고, 읽고, 쓰고는 의사소통 능력의 기본입니다. 듣기와 읽기가 정보의 수집과 해석에 관한 것이라면 말하기, 쓰기는 사고과정의 결과와 표현에 관한 것입니다.

듣기는 의사소통의 기본입니다. 교실에서 수업하다 보면 학습 능력과 듣기 능력이 밀접한 관계가 있음을 알 수 있습니다. 아이가 산만하다면 대부분 듣기 능력이 부족한 경우가 많습니다. 선행학습을 많이 한 경우도 산만합니다. 수업이 재미없다고 하나요? 고학년으로 올라갈수록 학업 성취가 떨어질 것이 분명합니다.

"초등학교 때는 공부 잘했는데 중학교 가서 성적이 많이 떨어졌어요."

이렇게 하소연하는 부모들은 아이의 듣기 능력이 떨어진 것이 아닌가 의심해 봐야 합니다. 듣기 능력은 두 가지로 나눕니다. 첫째는 상대방이 무엇을 말했는가? 둘째는 들은 것의 핵심은 무엇인가?

말하고 쓰기에 앞서 잘 들어야 합니다. 듣는 태도만 잘되어 있어도 배우는 자세의 반은 터득한 것입니다. 읽기는 듣기와 함께 정보를 수집하고 해석하는 과정입니다. 읽기는 듣기에 비해 시간적인 여유를 가지게 되어서 듣기보다 복잡해도 자기의 속도에 맞게 조절해가며 두세 번이고 반복할 수 있습니다. 읽기를 촉진시키거나 방해시키는 것의 핵심은 '단어'입니다. 의외로 학부모들과 아이들은 단어의 중요성을 잘 인식하지 못합니다. 단어는 곧 어휘력의 근원입니다. 어휘력이 바탕이 된 읽기가 되어야 읽은 정보를 정확하게 해석할 수 있습니다. 말하기는 국어교육의 꽃입니다. 말 잘하는 것은 아이들과 부모들의 로망(?)이기도 하죠.

요즘은 창의성을 부르짖으며 아이들이 생각나는 대로 자유롭게 말하는 것을 허용하고 있지만 조금만 더 파고들어 가 보면 거기에도 옥석은 존재합니다.

저학년까지는 말하는 그 자체에 중심을 두기도 하지만 4학년만 되어도 주장과 근거에 대해 배웁니다. 즉 근거를 가지고 말하는 것과 아닌 것의 차이를 배우게 되면서 진정한 말하기를 배웁니다. 말하기는 듣기와 읽기가 바탕이 된 종합예술입니다. 듣기와 읽기를 통해 상대방의 의중과 문장의 핵심을 파악할 줄 알아야 효과적인 말하기가 됩니다. 말한다는 것은 결국 내가 생각한 것에 대한 적극적인 표현입니다.

쓰기는 국어교육의 궁극적인 최종 과정입니다. 얼핏 보기에는 말하는 것이 쓰는 것보다 더 쉬워 보이지만 사실 쓰는 것이 더 어렵습니다.

아이들과 함께 토론수업을 해 보면 말을 곧잘 하고 자기 주장을 나름대로 펼치는 아이들이 있습니다. 상대방의 의견에 대한 반론도

날카롭죠. 그런데 문장이나 글로 써 보라고 하면 주저합니다. 글씨 쓰기 단계를 넘어서 문장을 구성하는 능력이 생기면 그 뒤부터는 주제에 대한 글을 적을 줄 알아야 합니다.

글의 구조를 완성하는 기술적인 능력을 갖추면 거기다가 자신의 의견이나 감정을 넣는 연습을 합니다. 이런 일련의 과정 자체가 창의적인 글쓰기 과정입니다.

말하기, 듣기, 읽기, 쓰기로 표현되는 의사소통 능력은 기초 과정으로 국어의 핵심이지만 이건 다른 중요 과목으로 전이됩니다. 수학에서 셈하는 능력 역시 4학년 이상 넘어가면 의사소통 능력의 향상 없이는 단순 계산의 벽을 넘지 못합니다.

특히 수학적 사고력의 향상은 의사소통 능력 없이는 어렵습니다. 의사소통 능력은 문장제 문제를 푸는 데 반드시 필요합니다. 상황의 설명을 수식으로, 수식을 다시 상황이나 도표로 변환하는 능력은 수학적 사고력의 기초를 다지는 데 중요한 역할을 합니다.

과학은 수학적 사고력을 바탕으로 체계화되고 사회 역시 의사소통 능력이 없으면 외우기에 급급해 어려워합니다.

기초에 대한 것뿐 아니라 기본도 중요합니다. 기본은 태도라고 생각하시면 이해하기 쉽습니다. 뒤에 나올 사회정서학습(SEL)에서 자세히 설명하겠지만 기본에 있어 가장 중요한 것은 자기관리 능력입니다. 자존감과도 밀접하게 연관되어 있는 자기관리 능력은 초등학교 적응에 있어 핵심입니다. 자기의 몸과 물건을 관리할 줄 아는 능력도 자기관리 능력에 들어갑니다. 이것이 되고 나면 단체생활을 하는 규칙을 배우고 따를 수 있어야 합니다. 이를 통해 관계 형성 능력도 배워야 합니다. 한마디로 학교에서 잘 지내고 잘 노는 법을 배워야 합니다.

기초 능력보다 요즘 아이들이 더 어려워하는 것이 기본 능력을 기르는 것입니다. 몸을 청결히 하는 자기관리 능력은 예전보다 좋아졌습니다. 그러나 관계의 능력은 날이 갈수록 떨어져 갑니다. 감정 표현과 전달 그리고 교우관계에 어려움을 겪는 아이들은 예전보다 더 많아졌습니다. 기본 능력이 떨어지는 아이는 기초 능력은 말할 것도 없고 향후 학습 능력은 현저히 저하됩니다. 초등학교는 어렵고 복잡한 내용을 가르치지 않습니다. 또 기본과 기초 없이는 사회성 형성과 창의성의 발현이 되지 않는다는 것도 잊어선 안 됩니다.

지식이 넘치는 시대를 살고 있습니다. 아이들이 처음 학교에서 공부를 한다는 것은 지식을 대하는 기초적인 실력과 기본적인 태도를 갖추는 것입니다. 이것은 시대가 아무리 변해도 중요함이 사라지지 않습니다. 오히려 기초적인 실력과 기본적인 태도를 건너뛰고 학습적인 것에 치중한 아이들이 고통과 혼란을 겪는 것을 현장에서 너무 많이 봅니다.

지금 대한민국의 모든 초등학교 교육계획서를 보더라도 기본과 기초 교육에 대한 언급이 없는 곳이 없습니다. 기본과 기초 교육이 필요하지 않다고 여기는 교육자는 없습니다. 어떤 학부모도 자기자식이 기본과 기초 교육이 필요하지 않다고 생각하지 않습니다. 그렇다면 초등학교에서 아이는 무엇을 배우고 익혀야 할지 나옵니다.

21세기가 창의 인성의 사회이고, 스마트한 교육이 필요한 사회이기 때문에 아이들에게 미래를 살아가고 이겨 낼 수 있는 지식 기반을 만들자고 하는 데는 이견이 없습니다. 문제는 어떤 가치를 지향하게 하느냐입니다.

바뀌는 주기가 빨라질수록 그것을 따라잡는 것이 아니라 기다려야 합니다. 기본과 기초를 다져서 내실을 튼튼히 한다면 기회는 언제든지 잡을 수 있습니다.

사회정서학습(SEL)을 들어보셨나요?

공부는 꼭 수업시간이나 학원에서 하는 것이 전부가 아니야. 너희들이 정말 중요하게 생각하는 친구 사귀기를 잘하는 것도 공부에 엄청난 영향을 준단다. 못 믿겠다고?

친구를 잘 사귀려면 친구의 말이나 행동에 공감을 해야 해. 공감한다는 것이 뭘까? 맞아. 친구의 감정을 느끼라는 말이야. 감정은 말과 행동뿐 아니라 표정에서도 나와.

하지만 감정을 잘못 읽어서 서로 다투기도 해. 왜일까? 그건 친구의 감정을 읽을 때 '나' 중심으로 읽느냐, '우리' 중심으로 읽느냐에 따라 달라. 친구와 관계된 것은 '우리' 중심으로 읽는 것이 중요해. 그럼 '우리' 중심으로 읽는다는 것은 어떤 걸까? 아주 간단해.

'나' 중심으로 생각하다 화가 났을 때 다른 아이들을 살펴보는 거야. 이러면 좋은 점이 있어. 화가 나더라도 여유를 가지고 생각할 수 있고, 내가 잘못 이해한 것을 스스로 수정할 수 있어.

그럼 공감하려면 어떤 행동이 필요한 줄 아니? 바로 친구의 말을 잘 들어주는 거야? 의외지 않니? 잘 듣기 위해선 친구가 하는 말에 담긴 속뜻도 알아야 하고 표정도 살펴야 해. 딴짓을 하면 중요한 것을 놓칠 수 있듯이 상대가 말을 할 땐 주의를 기울여야 해. 자기 말할 때 잘 들어주는 친구가 좋지? 잘 들어주기만 해도 좋은 친구란 소리도 듣고 공감하는 능력도 기를 수 있단다. 잘 듣는 걸 '경청'이라고 해.

'나' 중심에서 '우리' 중심으로 친구의 감정을 읽고 '경청'하는 태도를 가지면 좋은 친구를 사귈 수 있지. 이런 태도와 능력을 가진 친구가 너희들이 만나려고 하는 좋은 친구 아니겠니?

생각을 조금 더 해 볼까? 이건 수업시간에도 아주 잘 써먹을 수 있어. 선생님의 감정을 읽고 경청하다 보면 공부가 더 재미있고 쉽게 잘될 거야. 어때? 이것만으로도 친구 사귀기가 공부에 어떤 도움을 주는지 알겠지?

이것뿐만 아니야. 공감 능력어 있으면 도덕성이 생겨. 여기서 말하는 도덕성이란 질서, 약속 같은 걸 나타내기도 해.

생각해 보자. 약속을 지켜야 한다는 것은 누구나 다 아는 사실이야. 하지만 약속을 어겨 본 경험도 많이 있지? 약속을 어긴 친구를 좋아하지 않는다는 것도 잘 알 거야.

그럼 왜 약속을 어기게 될까? 지킬 수 없는 약속을 해서 어기는 경우도 있고, 지키기 싫고 귀찮아서 약속을 어기는 경우도 있어.

예를 들어보자. 언제 어디서 만나기로 했는데 마침 그날 비도 오고 나가기 싫어서 약속을 어겼어.

'에이, 몰라 나중에 적당하게 변명하면 되겠지.'

이렇게 생각하고 약속을 어긴 아이가 나중에 변명을 하면 약속시간에 나간 친구는 이해하려고 노력하면서도 기분은 나빠. 결국 이런 관계가 오래되면 좋은 친구를 만나기도 어렵지. 아무도 약속을 어기는 친구는 좋아하지 않아.

귀찮아도 약속을 지키는 이유는 뭘까?

'약속을 지키지 않으면 그 친구에게 미안해.'

이런 생각이 도덕성이야. 생각해 봐. 약속을 했다는 건 서로 시간을 지키겠다고 예약해 놓은 거야. 한 사람이 지키지 않으면 상대방이 피해를 보는 것이잖아.

이렇듯 공감 능력은 나의 도덕성에 영향을 준단다. 그래서 상대방을 이해하면 할수록 우린 바른 행동을 하지. 그런데 도덕성은 공부와 무슨 관계가 있을까?

사실 공부 잘하는 특별한 비법이 따로 있는 건 아니야. '공부엔 왕도가 없다'란 말도 있잖아? 선생님이 공부 방법에 관해 이야기해 준 것 기억나니? 미리 읽어 오는 수준의 예습, 수업시간 집중, 하루 지나기 전 복습, 수업을 제외하고 예·복습 시간은 한 시간이 안 넘어. 이걸 꾸준히 할 수 있도록 스스로와의 약속을 지키는 것이 공부 잘하는 방법이야.

친구와 놀려면 그냥은 못 놀아. 놀이를 하고 놀지? 친구 둘이서 노는데 각자 폰 게임하고 논다면 그건 각자 노는 거지 친구랑 노는 것은 아닐 거야. 그런데 친한 친구라도 항상 문제는 생겨. 안 생기는 것이 오히려 이상한 거야.

친구랑 싸우고 나서 화해를 하지 않으려는 아이가 있어. 그런 아이는 문제 해결 자체를 하기 싫어하거나 두려워하는 거야. 하지만 마음을 열고 나의 감정과 상대의 감정을 들어 보고 말하는 공감의 과정을 거치면 대부분 해결되지.

우리 반에서 매주 금요일 마지막 시간에 자신이 만든 놀이로 친구와 함께 놀기 시간을 하잖아. 만든 놀이를 친구에게 설명하고, 그 설명을 듣고, 놀이를 수정하고, 다시 놀고 이런 과정을 거치면서 싸우기도 하고 화해하기도 하면서 지금은 즐겁게 놀잖아.

그게 바로 공부야. 정해지지 않은 문제를 여러 가지 방법으로 생각해서 풀어 보고 고민해 보는 것이 문제해결력이면서 창의력이지.

어때? 친구와 제대로 노는 방법을 연구하고 놀아 보는 것도 충분히 공부가 되지? 그러니 잘 노는 아이가 공부도 잘한단다.

제가 학기 초에 아이들에게 들려주는 사회정서학습에 대한 이야기입니다. 기초와 기본 교육은 인성교육과 밀접한 관련이 있습니다. 사실 인성이라는 것도 기초와 기본의 바탕 없이는 무용지물입니다.

어떤 부모는 인성과 학습을 별개로 봅니다. 오히려 인성보다 학습이 더 중요하다고 여깁니다.

"인성도 중요하지만 학습도 중요합니다."

이런 말을 하는 것은 인성과 학습을 같게 보는 것이 아닙니다. 인성은 곁다리일 뿐 결국은 학습으로 귀결합니다. 결국 이분들이 말씀하시는 학습과 공부는 모두 점수와 서열, 입시와 대학으로 종결

합니다. 사회정서학습 즉 인성교육이 잘된 아이는 학습과 밀접한 연관성을 가집니다. 즉 태도가 좋은 아이가 공부를 잘한다는 말입니다.

그렇다면 사회정서학습에서 말하는 사회정서 요소가 무엇인지 살펴봅시다. 이것들은 초등 학령기 이전 혹은 학령기 내내 가정에서 가장 역점을 두고 해야 할 것들을 말합니다.

자기인식 Self-Awareness

'자기인식'은 '얼마나 안정되게 자신을 인식하는가? 자신을 스스로 존중하는 힘이 얼마나 있는가?'에 대한 문제이기도 합니다. 이것은 자존감과 밀접한 연관이 있습니다. 자기 자신을 부정적으로 보는 아이는 이후 나올 자기관리, 사회적 인식, 책임감 있는 의사결정, 관계기술 등에 있어 모두 문제가 생기기 쉽습니다.

아이에게 있어 자기인식 즉 자존감을 높여 주는 것 중 가장 기본이자 중요한 것은 부모의 아낌없는 사랑입니다. 자존감이 결여된 아이는 폭포처럼 사랑을 쏟아부어야 합니다. 특히 10세 전후가 중요합니다. 그 이후에 하는 것은 그전보다 현격하게 효과가 떨어집니다. 존재하는 그 자체로 사랑해 주어야 하고 아이에 대한 믿음을 표현해 주어야 합니다. 잘하면 믿는다가 아니라 내 자식이기 때문에 믿는다고 해야 아이는 스스로를 믿습니다. 교사가 해 주는 것은 한계가 있습니다.

자기관리 | Self-Management

'자기관리'란 참고 견디며 적절한 표현을 할 줄 아는 능력을 말합니다. 그렇다면 학교에서 아이가 참고 견디는 것 중 가장 중요한 것은 무엇일까요? 그건 경청과 기다림입니다.

교사나 친구 등 타인의 말을 귀 기울여 들을 줄 아는 경청과 순서가 돌아올 때까지 스스로 기다릴 줄 아는 능력이 자기관리의 핵심입니다. 부모는 가정에서 아이에게 되는 것과 안 되는 것에 대한 명확한 구분을 해서 지도해야 합니다. 건전한 자기관리력을 배우는 아이는 존중의 태도를 가지면서도 단호하고 명확하게 구분하는 부모의 태도를 경험한 경우입니다.

우리는 가끔 단호함과 엄격함을 구분하는 것이 어렵습니다. 간단하게 생각해 봅시다. 존중의 태도로 평소 친절하다가도 끊어야 할 때 끊고 멈출 때 멈추며 다시 친절한 태도로 돌아갈 수 있으면 단호한 것입니다. 그러나 친절한 태도 없이 단호함만 있는 것은 엄격함입니다. 친절한 태도 없는 엄격함 속에서는 아이가 자기관리력을 배우기 어렵습니다.

사회적 인식 | Social Awareness

'사회적 인식'은 자기인식이 확장된 개념입니다. 긍정적인 자기인식이 있는 아이는 타인과 관련된 사회적 인식도 잘합니다. 사회적 인식이 잘된다는 것은 현실을 왜곡 없이 받아들인다는 뜻입니다. 사회적 인식은 자기인식보다 공부에서 큰 위력을 발휘합니다. 그렇다면 사회적 인식은 어떻게 학습될까요?

어른을 통해 모방하며 학습합니다. 즉 부모의 말과 행동을 통해 언행일치의 중요성을 직간접적으로 배웁니다.

항상 언행일치하며 살긴 어렵습니다. 어른도 실수하고 지키지 못할 약속도 합니다. 그러나 아이에게 약속을 못 지키고 실수했을 때 인정하고 사과하면 됩니다. 부모 자식 간에 실수와 사과를 인정하고 받아들이다 보면 자신의 감정을 전달하고 타인의 감정을 받아들이는 데 매우 익숙하고 수월해집니다. 그러나 반대인 경우는 계속 눈치를 봅니다. 언행의 이면이 있다고 생각합니다. 그런 아이는 학교에서 교사나 친구의 말을 그대로 받아들이지 않습니다. 에너지를 엉뚱한 데 사용하니 공부가 안 되는 것은 뻔합니다. 언행일치는 부모가 아이 앞에 보여야 할 숙제이자 과제입니다.

책임감 있는 의사결정Responsible Decision Making

아이는 학교에 와서 크든 작든 매순간 의사결정을 합니다. 그런데 교실에는 결정장애(?)를 앓고 있는 수많은 아이가 존재합니다. 심지어는 칼로 잘라야 하는지 가위로 잘라야 하는지 등의 간단한 선택조차 교사가 자신의 결정을 대신 해 주길 바랍니다. 교실에서의 책임감 있는 의사결정이란 대단한 것이 아닙니다. 스스로 자신이 해야할 것과 하고 싶은 것을 결정하는 것입니다. 그렇다면 왜 의사결정을 힘들어 하는 아이가 생길까요?

제 생각은 이렇습니다.

'못해도 괜찮아.'

'실패해도 괜찮아.'

이런 말을 많이 듣지 못해서입니다. 부모는 아이에게 이런 마음의 안정을 줄 수 있는 안전판이 되어야 합니다. 그런데 '못해도 된다', '실패해도 된다'고 해도 아이가 불안해 하는 경우도 있습니다. 그건 실수와 실패를 한 아이가 위로받고 싶을 때 부모가 옆에 없거나 사라진 기억이 남아서입니다.

유아기에 겪고 끝내야 할 분리 불안이 해소되지 못하고 학교에 오면 책임감 있는 의사결정도 잘 하지 못합니다. 이러면 관계 형성은 물론 학업에도 영향을 줍니다. 특히 미래 사회에서 중요하게 여기는 협력학습은 더 못합니다.

관계기술 Relationship Skills

'관계기술'은 말 그대로 친교기술이자 노는 기술입니다. 혼자 노는 것 말고 둘 이상 함께 노는 기술입니다. 친교의 교육적 가치는 따로 설명 안 해도 됩니다. 아이들끼리 잘하는 것은 서로 가르쳐 주고 못하는 것은 배우면 되는 것이 전부입니다. 관계기술은 부모가 아이에게 따로 가르쳐 줄 수 있는 것이 아닙니다. 위의 자기인식, 자기관리, 사회적 인식, 책임감 있는 의사결정의 요소가 결합되어 관계기술이 나옵니다. 관계기술은 표면적으로 학습과 가장 밀접하게 연관되어 있으며 이것이 잘되는 아이는 배우고자 하는 어떤 타인을 통해서도 원하는 것을 배우고 익혀 나갑니다. 그것보다 더 중요한 건 교사가 가르치고 싶은 욕망(?)을 자극합니다. 호기심 어린 눈망울로 경청하며 수업을 듣는 아이는 관계기술이 좋은 아이입니다. 장래가 촉망되는 아이죠.

자기관리, 사회적 인식, 책임감 있는 의사결정, 관계기술은 우리가 흔히 말하는 태도의 영역에 있습니다. 사회정서학습은 태도가 학습에 어떤 영향을 주는지 구체적으로 나타내 줍니다. 가정과 부모가 아이를 위한 좋은 교육환경을 만들기 위해 노력한다면 학습 그 자체보다 사회정서학습, 즉 태도의 영역에 더 관심을 기울여야 합니다.

공부와 다이어트의 공통점

아이는 공부가 가장 큰 스트레스라면 어른은 살 빼기가 가장 큰 스트레스입니다. 물론 과체중인 저도 예외는 아닙니다. 인류 멸망보다 체중계의 숫자가 늘어나는 것이 더 무섭습니다. 신경 안 쓰는 듯해도 신경 쓰입니다. 눈치 안 보는 듯해도 눈치 봅니다. 그러다 불어난 몸무게에 옷이 안 맞으면 짜증이 대폭발합니다. 그렇다고 다이어트 방법을 모르는 것도, 안 해 본 것도 아닙니다. 멀리서 찾을 필요 없이 인터넷에 '다이어트'로 검색해 보면 하루 종일 읽어도 못 읽을 정보들이 펼쳐집니다. 조언을 받으려고 마음먹으면 거의 모든 사람으로부터 받을 수 있습니다. 하지만 조언 받기 전에 누가 먼저 지적하면 짜증부터 납니다.

"어머 살찐 거 아니야?"

"살 좀 빼라. 내가 아는 방법이 있는데 어쩌고저쩌고~!"

듣기 싫습니다. 듣기는 싫은데 상대에게 표현하지 못해 어색한 미소만 짓습니다.

'뭐가 잘못되었는지 알고 있다.'

'어떻게 하면 되는지도 알고 있다.'

그런데 안 되는 것이 있습니다. 바로 실천입니다. 다이어트의 공식은 알고 보면 무척 간단합니다. 적게 먹고 많이 운동하면 됩니다. 적게 먹기 싫어서 갖은 꼼수가 다이어트 비법으로 난무하고, 운동하기 싫어 갖은 방법이 창궐(?)합니다. 남은 성공했다고 하는데 나는 꼭 실패합니다. 남들은 좋다고 했는데 나는 꼭 탈이 납니다.

다이어트 해 본 사람은 다 압니다. 빼는 것보다 유지하는 것이 더 힘들다는 것을 말이죠. 다이어트로 몸무게를 줄여도 금세 돌아오는 몸무게를 보면 우리 몸은 형상기억합금보다 더 성능이 좋은 것 같습니다. 그렇지만 살을 빼는 그 순간엔 온갖 사람들이 칭찬합니다. 인간 승리라고 축하합니다. 그런 칭찬을 듣는 본인 역시 자신감이 생깁니다.

"하루에 한 끼만 먹었다더라."

"하루 운동을 몇 시간씩 했다더라."

"먹을 것을 보고도 눈길 한 번 안 주고 참더라."

온갖 영웅담이 난무합니다.

다이어트를 공부에 대입해 봅시다. 공부의 방법을 모르는 것도 아닙니다. 누가 말입니까? 바로 아이들입니다. 초등학교 입학하고부터 지속적으로 꾸준히 공부하는 방법을 배웁니다. 누구에게? 바로 왕년에 다들 한가락 하던 공신, 교사들입니다. 그것이 모자라 학원과 공부방에서 또 공부를 하고 방법도 배웁니다. 거기다 부모로부터 줄기차게 공부하라고 잔소리를 듣습니다. 과연 아이는 공부하는 방법을 모를까요? 다시 다이어트로 돌아가 봅시다.

다이어트는 스스로 해야 합니다.
다이어트는 적게 먹고 많이 운동하면 됩니다.
다이어트는 각자 체질에 맞게 방법을 찾아야 합니다.
다이어트는 하다 보면 자신만의 방법을 익힙니다.
다이어트는 빼는 것보다 유지하는 것이 더 어렵습니다.
다이어트는 머리로 하는 것이 아니라 몸으로 하는 것입니다.
다이어트는 옆에서 간섭하고 잔소리하면 하기 싫습니다.
다이어트에서 조언은 자발성을 돕거나 자제력을 잃을 때만 해당
됩니다.
다이어트의 조언은 물어볼 때만 해 줘야지 안 그러면 오지랖입니다.
다이어트가 필요한 사람에게 다이어트가 필요하다고 말해 주면
욕먹습니다.
다이어트 하려고 마음먹고 실천하면 조언하려는 사람은 줄을 섭
니다.
다이어트를 백 명이 시작해서 성공했다면 백 가지 다이어트 방법
이 나옵니다.

공부의 방법을 다이어트 방법에 대입해도 거의 같은 답이 나옵니다.
다시 한 번 다이어트의 방법을 공부로 바꾸어서 읽어 봅시다.

공부는 스스로 해야 합니다.

공부는 선행학습을 적게 하고 본시 수업과 복습을 많이 하면 됩니다.

공부는 각자 체질에 맞게 방법을 찾아야 합니다.

공부는 하다 보면 방법을 익힙니다.

공부는 성적 올리기보다 유지하는 것이 더 어렵습니다.

공부는 머리로 하는 것이 아니라 몸으로 하는 것입니다.

공부는 옆에서 간섭하고 잔소리하면 하기 싫습니다.

공부에서 조언은 자발성을 돕거나 자제력을 잃을 때만 해당됩니다.

공부의 조언은 물어볼 때만 해 줘야지 안 그러면 오지랖입니다.

공부가 필요한 사람에게 공부가 필요하다고 말해 주면 욕먹습니다.

공부하려고 마음먹고 실천하면 조언하려는 사람은 줄을 섭니다.

공부를 백 명이 시작해서 성공했다면 백 가지 공부 방법이 나옵니다.

아이가 왜 공부를 안 하는지, 아이가 왜 공부하란 말을 잔소리로 듣는지 이유가 나옵니다.

"엄마(아빠)는 왜 다이어트 안 해?"

"엄마(아빠)는 왜 술 안 끊어?"

"엄마(아빠)는 왜 홈쇼핑 안 끊어?"

"엄마(아빠)는 왜 휴대폰 계속해?"

아이가 공부 안 한다고 잔소리하려면 부모가 먼저 위에 해당되는 것부터 점검해 봐야 할 겁니다.

수업이 재미없는
아이

3학년 과정과 4학년 과정은 아이들 처지에서 바라보면 형이하학적인 이해에서 형이상학적인 추상의 단계로 넘어가는 길목입니다. 수학에서 소수, 분수 계산만 봐도 그렇습니다. 형식적인 풀이는 다 합니다. 그러나 실수의 개념인 소수와 분수의 개념적 의미로 들어가면 아이들은 안드로메다 언어로 느낍니다.

"0.01은 0에서 1까지를 100개로 자른 것 중에 하나다."

"소수의 계산은 자연수의 방식을 따르고 소수의 방식으로 표시한다."

0.1에서의 1의 개념과 자연수에서 1의 개념을 획득하느냐 못하느냐가 향후 학습에 영향을 줍니다. 계산은 해내고 틀리지도 않습니다.

이유는 간단합니다. 기계적으로 계산하는 방법을 어디서 배워 온 아이가 많기 때문입니다. 그런 아이도 개념 학습에 들어가면 혼란이 옵니다. 선행을 했든 안 했든 모두 혼란스러운데 수업에 집중하는 아이는 어느 순간 벽을 깹니다. 형이상학적인 추상 개념이 머릿속에 어렴풋하게 잡히는 순간 지식의 지평이 넓어지고 환희(?)에 찬 얼굴이 나타납니다. 확 깨우친 겁니다. 이런 아이는 배움에 더 열중하고 교사와 친구들의 신뢰관계가 높아집니다. 이런 아이는 자신감으로 발전해 사춘기를 잘 넘깁니다. 교우관계로 괴로워하던 아이도 공부에 집중하는 순간 고비를 잘 넘깁니다.

그런데 집중하지 못하는 아이는 꼭 이런 말을 합니다.

"재미가 없어요."

아이의 이 말을 뒤집을 논리는 없습니다. 어떤 논리를 들이밀어도 침묵해 버리면 답이 없습니다. 이런 아이일수록 쉬는 시간과 점심시간만 기다리고 학교 끝나기만을 바랍니다.

불안을 교우관계로 채우는데 그런 교우관계 역시 불안합니다. 필연적으로 다툼이 생기지만 화해하고 또 오해하고 또 싸우고를 무한 반복합니다. 평상심을 유지하는 방법을 배워야 하는데 가장 좋은 것은 수업에 집중하는 겁니다. 그러나 모두 이 방법이 통하는 것은 아닙니다. 중간 단계가 있어야 합니다. 수업 집중은 곧 실력 향상을 의미하는 것이 아니라 학생으로서 존재감을 인식하게 하는 대표적 행위입니다. 수업시간이 뿌듯해지면 다른 어려움은 능히 극복한다는 의미도 됩니다.

그렇다면 공부에 어려움을 겪는 아이는 어떤 것으로 인정받고 평상심을 유지하도록 지도해야 할까요?

저는 사소한 당번활동이나 역할 분담을 꾸준히 하는 것을 칭찬하고 격려합니다. 즉 상 받는 것보다 책상 정리 잘하는 것을 더 많이 칭찬하고 언급합니다. 아이 처지에서 바라봐도 이건 해 볼 만한 도전 과제이자 목표입니다.

마음이 헝클어졌을 때 청소나 주변 정리를 하고 책상과 사물함 정리를 하다 보면 수업도 준비됩니다. 자기 자리 밑에 떨어진 휴지를 줍다 보면, 뒤틀어진 식판 하나를 바로 놓다 보면 누군가의 인정을 받습니다. 그걸 꾸준히 하면 능력이 되고 그것으로 인정받습니다. 인정받으면 다시 욕망하는데 그 관문이 공부입니다. 태도로 쌓은 인정의 힘으로 수업에 집중하려 도전합니다. 그 과정이 간결해지고 잡념도 잡혀 갑니다. 교우관계의 불안함이 완화됩니다.

사춘기가 와서 공부 안 한다고 집에서 닦달할수록 효과는 없습니다. 아이는 공부는 안 해도 공부를 못하고 싶지 않습니다. 사춘기가 와서인지, 공부의 벽에 도달한 것인지 확실하지 않지만 불안해질 때가 되어서 불안해졌을 뿐입니다. 복잡하고 엉클어져 버린 교우관계를 해결할 방법이 뾰족하게 나오지 않는다면 역할 분담에 충실하도록 유도하면 됩니다. 역할 분담이 잘되면 공부로 유도하면 됩니다. 공부가 잘되면 그토록 고민하던 교우관계에 도움을 줍니다.

공부에 대해 좀 더 들어가 보겠습니다. 초등학교 4학년부터 공부가 어려워진다고 했습니다. 단순한 경험과 지식에서 다소 고차원적인 개념과 이해가 필요합니다. 특히 4학년부터 국어, 수학, 사회에서 아이들의 수준 차가 납니다.

4학년, 6학년, 중2 등 사춘기라 불리는 단계의 아이들은 특징이 있습니다. 공부가 어려워지는 때이면서 자기 감정을 표출하는 시기입니다. 이성적인 판단, 추론 검증 과정을 거친 표출이 아니기 때문에 거칠게 나타납니다. 거친 대신 타인의 말과 행동의 모순은 절묘하게 파헤치면서 자신의 감정을 덧붙여 나타냅니다. 어른이 보기엔 참 얄미운 단계입니다.

어떤 형태로든 이 시기 아이들은 자신의 존재감을 드러내고 싶어 하면서도 감추려는 이중적 태도를 보입니다. 학교에 오는 순간부터 아이는 존재감에 대한 불안이 상존합니다. 그러나 저학년 때는 자신을 드러내는 것이 그다지 어렵지 않습니다. 뭐 하나 물어보면 아이들은 서로 "저요, 저요" 하고 손을 듭니다. 다소 내성적이거나 소극적인 아이도 묻어 가기 딱 좋은 환경입니다. 상대적으로 적응에 큰 어려움이 없고 존재감을 나타내는 데도 별 무리가 없습니다. 아이의 처지에서 보면 자기나 타인이나 비교해서 별로 꿀릴 게 없다는 뜻도 됩니다.

10세 전후 발달과정에서 필연적으로 아이는 가치판단의 기준이 가정에서 학교로, 부모에서 친구로 옮겨가는데 이걸 사춘기라 부르기도 합니다. 초4병이라고도 부르는데 이렇게 부르는 자체가 문제가 있지만 일단 병이라 이름 붙이는 데에서 어른의 무서움이 단적으로 드러납니다.

아이는 학교에서 존재감을 드러내야 하는데 수업에서 드러낼 수 없는 단계가 옵니다. 배우는 과정이 어려워졌기 때문입니다. 교실에서 아이들의 자존감이 전체적으로 한꺼번에 낮아집니다. 교실은 갑자기 많아진 낮은 자존감의 아이들로 한바탕 소란을 겪다 차츰 안정화됩니다. 이 과정에서 갈림길이 생깁니다. 수업에 집중해서 따라오는 아이와 그렇지 못한 아이로 나뉩니다. 이제 두 집단을 나눠 생각해 봅시다.

먼저 수업에 집중해서 따라오는 아이가 있습니다. 수업에서 안정감을 찾고 그 안정감을 바탕으로 자신의 존재감도 확인합니다. 잘해서가 아니라 못하는 것은 못하는 것으로 인정하고 잘하는 것은 타인과 함께 공유하기 때문입니다. 이전처럼 자신의 감정과 느낌 그리고 이해한 정도를 수업시간에 표현합니다. 틀렸다고 부끄러워하기보다 수정해서 자신을 보충해 갑니다. 교사의 지적에 별로 동요하지 않습니다.

수업 중 이해가 안 되었거나 배운 것으로 친구와 대화합니다. 물론 이런 대화를 좋아하는 아이들만 따로 모입니다. 대화의 재료가 줄지 않습니다. 수업은 매일 반복되고 새로 배우는 것은 늘 있으며 새로운 것에 대한 호기심이 학습으로 연결되고, 학습으로 연결된 친구들과 대화하다 보면 공부에 대한 인내심과 지속력도 친구들로부터 영향을 받습니다. 힘든 것이 없진 않지만 막연한 힘듦은 아닙니다. 이런 경우 부모나 교사는 아이를 믿고 도와주게 되어 있습니다. 아이 역시도 교우관계나 학업을 원만하게 할 수 있습니다.

수업에 집중하지 못하는 아이의 경우를 살펴봅시다. 수업을 못 따라오고 힘이 드니 수업이 재미가 없습니다. 못하는 자신을 인정하기보다 수업하는 교사 탓을 하거나 학원 탓을 하는 편이 더 낫습니다. 그도 저도 안 되면 친구 탓을 합니다. 수업시간에 집중하지 못하니 딴짓을 합니다. 재미없는 수업이라 규정지어 놓으면 마음도 편안해집니다. 하지만 수업은 견뎌야 하는 현실이 남습니다. 지우개도 자르고 연필심도 뽀개며 낙서도 하고 그림도 그리면서 시간을 보냅니다. 대신 정당하지 못한 행위란 걸 알기 때문에 계속 교사의 눈치를 봅니다. 교사가 뭘 물어보거나 어떤 역할을 해 보도록 하거나 발표를 시키면 당황합니다. 못하는 걸 친구들에게 들키는 것이 두렵습니다.

자존감이 낮다고 자존심도 낮은 것이 아닙니다. 오히려 자존심만 더 높게 세웁니다. 열등감이 높은 만큼 우월감도 높습니다. 잘하는 시간이 되면 누구보다 열을 올립니다. 하지만 자신이 잘하는 것을 나누는 데 인색합니다. 오히려 자기보다 못하거나 실수하는 아이가 있으면 누구보다 먼저 교사에게 잘 일러바칩니다. 고자질의 기술도 능숙하게 발달합니다.

이 모든 것은 열등감에 대한 보상이기 때문에 잘하는 것을 할 땐 과잉행동을 합니다. 하지만 잘하는 것보다 못하는 것이 더 많다고 생각하기 때문에 수업에 집중하기 어렵고 재미도 없습니다. 수업을 잘 따라 하는 아이와 벽이 생깁니다. 잘하는 아이가 벽을 세우기보단 못하는 아이가 스스로 만듭니다.

공부로 배운 새로운 것에 대한 이야깃거리가 없는 아이는 쉬는 시간이나 점심시간 또는 급식시간에 맹렬하게 자신을 알리는 데 투자합니다. 사실 그 시간이라도 없으면 수업시간을 버티는 것이 너무 힘듭니다. 그런데 이야깃거리가 갈수록 부족해집니다. 이럴수록 못하는 아이들은 뒷담화에 빠집니다. 뒷담화는 모두에게 흥미를 끌 수 있는 분야입니다. 공부 잘하는 아이, 선생님, 부모님의 뒷담화를 합니다. 뒷담화에 참여할 때는 재미있고 동질감도 생기지만 그럴수록 공부는 안 합니다. 뒷담화의 속성상 누구라도 뒷담화의 주인공이 될 수 있습니다. 뒷담화를 하는 아이는 자신의 뒷담화에 매우 민감하게 반응하기에 결국 싸움의 원인이 됩니다.

수업에 집중하지 못하는 아이는 이젠 수업 따위가 문제가 아니라 생존의 문제에 빠집니다. 친구 관계 하나하나에 의미를 부여하고 고민합니다. 자신뿐 아니라 상대도 마찬가지이기 때문에 갈등은 길고 크며 화해는 순간일 뿐입니다.

공부하는 능력도 독립된 하나의 능력입니다. 아이의 능력이 각각 다르듯, 공부의 능력도 마찬가지입니다. 그러나 수업을 준비하고 집중하는 것은 연습이 필요합니다. 타고난 공부의 능력이 부족하더라도 수업에 집중하는 연습을 통해 기본적인 학습력을 높일 수 있습니다. 그것을 바탕으로 자존감과 자존심을 높이고 지킬 수 있습니다.

아이들은 어떤 과목을
싫어할까요?

학창 시절을 떠올려 보세요. 어떤 과목이 가장 싫었나요? 전 영어와 수학을 다 싫어했습니다. 이유는 간단합니다. 무슨 말인지 이해하지 못했기 때문입니다.

그렇다면 아이들은 무슨 과목을 가장 싫어할까요? 보통 수학이라 생각하지만 요즘은 사회가 압도적으로 높습니다. 초등에서 영어나 수학도 부담스러운 과목입니다. 그렇지만 나름대로 준비와 연습을 많이 하는 편이고 부모의 관심도 많아 학습의 초반기인 초등학교에서는 그 차이가 중고등학교처럼 많이 나지 않습니다.

그러나 사회는 다릅니다. 사회는 동심원적인 구조로 확대하면서 배워 나갑니다. 쉽게 풀어 보면 마을부터 시작해서 시, 도, 우리나라, 세계로 동심원을 확대해 가며 배움이 늘어납니다. 이건 지리에 해당됩니다. 사회과목을 구성하는 요소 중엔 지리뿐 아니라 경제, 정치 일반사회 영역도 조금씩은 들어 있습니다. 문제는 이걸 죄다 외워야 할 것으로 여기기 때문에 학년이 올라갈수록 사회에 대한 부담도 커집니다. 그렇지만 진짜 싫어하는 과목은 따로 있습니다. 이 과목은 아이들도 스스로 싫어하는 과목이라 자각하지 못하는 경우가 많습니다. 대신 그 싫어함이 몸으로 행동으로 표정으로 태도로 나옵니다. 바로 음악, 미술, 체육 등 예체능 과목입니다.

의외라고 생각할 부모가 많을 겁니다. 사실 교사도 이걸 파악하려면 여간 민감하게 관찰하지 않고서는 알기 어렵습니다. 물론 음악, 미술, 체육을 좋아하는 아이는 너무너무 좋아하고 교사도 지도할 거리가 준비되고 세팅만 끝나면 별 부담 없이 수업할 수 있습니다. 즉 설계가 수고롭지, 활동은 아이들이 열심히 하고 교사는 전시(?)만 잘하면 됩니다.

어렸을 때 누구나 한번쯤 예술가가 됩니다. 부엌이나 거실을 난장판으로 만들며 행위예술(?)을 하기도 하고, 벽지를 스케치북 삼아 예술혼(?)을 불태우다 부모를 심란하게 만든 경우가 부지기수입니다. 소리 나는 악기를 신기해 하면서 빽빽거리고 놀기도 하고 놀이터에서 들어오기 싫어 떼를 썼던 아이가 음악과 체육을 싫어할 거란 생각은 하기 어렵습니다.

그렇다면 왜 음악, 미술, 체육을 싫어하는 아이들이 많을까요? 이건 학교와 교실에서 수업이라는 상황을 생각해 보면 그 이유를 추측할 수 있습니다.

첫째, 아이마다 기능의 차이가 현격히 다릅니다.

특히 음악, 미술은 타고난 미적 감각이나 음감의 격차가 아이마다 상당합니다. 체육 역시 마찬가지입니다. 공 하나 던지고 받고 차는 것 역시 운동역학과 운동감각과 밀접한 관련이 있는데 타고난 아이들은 한 번 지도하면 두세 개를 깨우칩니다. 현격한 기량의 차이는 잘하는 아이는 우월감이 생기지만 못하는 아이는 좌절감을 느낍니다.

아이들도 보는 눈이 있습니다. 못한다고 생각하는 아이는 잘하는 아이의 그림, 악기 연주나 노래, 운동 기능을 보자마자 스스로와 비교합니다. 학년이 올라가면 갈수록 그 격차는 더 커집니다.

둘째, 매번 교실에서 전시되고 공연하며 운동장에선 경기합니다.

수학을 싫어한다고 해서 매번 자신의 실력이 공개적으로 들통나는 것은 아닙니다. 수학 익힘책이 시간마다 칠판에 전시되지 않는다는 뜻입니다.

영어를 싫어한다고 해서 매번 자기 실력이 드러나는 것은 아닙니다. 적어도 초등학교 영어는 놀이와 활동 중심으로, 필기시험이 없습니다.

하지만 그림 한 번 그리면 칠판이나 뒷판에 붙이고 구조물은 복도에 전시합니다. 노래 부르기, 악기 연주는 매번 공연되며 피구나 축구는 언제든 경기합니다. 잘하는 아이가 우월감을 느끼는 것보다 못하는 아이가 열등감 느끼기 딱 좋은 구조입니다.

셋째, 교과서에 수록된 내용의 수준이 높습니다.

이건 음악과 미술 실기를 잘 못하는 저의 생각입니다. 음악, 미술, 체육 교과서에 수록된 내용은 정말 다양하고 수준도 높습니다. 물론 못하는 아이의 기준으로 보자면 말입니다.

전국 어느 초등학교든 리코더 연주를 합니다. 하고 많은 악기 중에 왜 하필 리코더일까요? 구하기 쉽고, 배우기 쉽고, 음감의 기본을 잡기도 쉽기 때문이죠. 이렇게 쉬워도 수준의 차이는 납니다. 일 년 내내 운지를 못해 도레미파솔라시도를 못 부는 아이도 있으니까요. 잘하는 아이야 다양한 경험이 되겠지만 못하는 아이는 주눅 들기 십상입니다.

넷째, 못해도 숨어 지내기 좋습니다.

예체능 과목을 싫어해도 아이들이 싫다고 이야기하지 않는 이유가 있습니다. 그건 바로 교사의 간섭을 덜 받을 수 있고 마음먹으면 아이들 사이에 묻혀 지낼 수 있기 때문입니다. 예체능을 전문적으로 연구하는 교사들도 이 문제에 대해 깊이 연구하고 있지만 실제 수업 현장에서는 묻혀 지내는 아이들을 찾아내어 지도하기가 여간 어렵지 않습니다.

두 시간 만에 작품 하나 뚝딱 만드는 미술 역시 마찬가지입니다. 그러니 대충 묻혀 지내면 잘 못해도 표가 안 납니다. 그러니 실력 향상은 요원한 일입니다.

미술을 싫어하는 아이는 수업시간에 대충 두 가지 중 하나의 반응을 보입니다. 엄청 늦게 하거나 엄청 빨리 하거나 둘 중 하나의 전략을 선택합니다.

체육을 싫어하는 아이는 굉장히 천천히 하거나 항상 어디가 아픕니다. 음악을 싫어하는 아이는 목소리가 엄청 작거나 엄청 크거나 특히 악기 연주를 하면 시도를 안 합니다.

아이는 못해도 숨어 있을 수 있고 교사도 지도에 큰 부담 없고 부진아 지도처럼 끈질기게(?) 지도하지 않기 때문에 표가 안 납니다. 대신 평가 시기가 오면 농축(?)되어 불안감으로 나타납니다.

그런데 시각을 좀 달리 해 볼까요? 어릴 때 배웠던 것 중에 지금 인생에 도움이 되는 것이 무엇인지 생각해 보세요.

카페나 술집에서 어른들끼리 영어, 수학에 관해 토의하는 것을 못 봤습니다. 대신 문학이나 예술에 관한 것들은 나이 들면서 더 깊이 느껴집니다. 미술관에서 그림을 본다든지, 음악회에서 연주를 즐긴 다든지, 각종 생활체육을 즐기면서 인생을 풍요롭게 하려는 욕망은 어른들이 더 많습니다.

영어, 수학이 덜 중요하다는 것이 아닙니다. 이건 다양한 지도 방법과 단계적 학습법이 많이 있습니다. 너무 많은 관심과 선행과 기계적인 학습이 문제가 되지만 음악, 미술, 체육은 상대적으로 대충해도 된다고 생각하기 쉽습니다.

학교에서 교사와 상담할 일이 있으면 꼭 물어보세요.

"우리 아이가 음악, 미술, 체육 시간에 어떤 모습을 보이나요?"

아마 교사가 부담없이 이야기해 줄 겁니다.

학원 3개월의
법칙

사춘기 교실에서 학원 다니는 문제로 이야기를 나누면 많은 아이들이 학원으로 인해 스트레스를 받는다고 말합니다. 물론 학원에 대한 스트레스가 덜한 아이도 있고, 학원으로 인해 도움받는 아이도 있지만 워낙 힘들다고 하는 아이들이 많아 온 교실은 학원 다니기 싫다는 아이들의 아우성(?)이 빗발칩니다.

학원이 필요하냐, 필요하지 않냐의 문제는 잠시 뒤로 미뤄 두고 아이들의 처지에서 바라본 학원의 문제를 짚어 봅시다.

보통 부모는 아이의 학습이나 재능을 키우기 위해 학원을 보낸다고 하지만 상당수는 보낼 데가 마땅치 않아서 보내는 경우나 남들도 다 보내고 또 보내서 놀다(?) 보면 뭐라도 하나 배우는 것이 있지 않을까 하는 막연한 기대로 보내는 경우가 많습니다.

특히 맞벌이 가정의 경우는 부모의 한쪽이 퇴근하기 전까지 안전하게 아이를 맡아 줄 곳이 필요해 '탁아+교육'의 기능을 함께 기대하기도 합니다. 특히 초등 저학년은 오전에 일과를 마치기 때문에 이 수요가 더 많습니다.

그럼 아이의 처지에서 학원을 보겠습니다. 처음부터 학원이 싫을 까요? 그렇지 않습니다. 태권도, 음악, 미술 등 예능에 대한 학원은 물론이고 공부방, 입시학원 등 공부에 대한 학원도 처음엔 재미있어 합니다. 그 이유도 알고 보면 매우 간단하고 분명합니다. 학원은 영 리를 기본으로 합니다. 아이가 학원에 와서 뭘 배울 때 재미가 없으 면 다시 오지 않습니다. 지속적인 흥미를 가지도록 유도하는 것은 가르침을 떠나서 학원 경영의 기본 상식입니다.

학교와는 달리 소수 혹은 일대일이라 원하는 것을 더 많이 받을 수 있습니다. 난이도 역시 처음부터 높은 것은 안 합니다. 수준도 적 당하고 하면 성과도 금방 나옵니다. 학원 선생님도 학교보다 훨씬 친절(?)하고 학교에서 못 보던 교구와 자료도 더 많습니다. 색깔부터 알록달록하니 좋습니다. 그런데 그 효과는 3개월이 최대치입니다.

어떤 학원이든 처음엔 아이 중심으로 진행합니다. 상담에서만 라 포rapport가 필요한 것이 아니라 학습에서도 필요합니다. 즉 가르치 는 자와 배우는 자의 교감이 이뤄져야 합니다. 처음에는 학습자 우 선입니다. 그러나 3개월 정도 지나면 가르치는 자에게 우선권이 옵 니다. 왜 그럴까요?

누군가로부터 뭘 배운다는 건 원래 아이의 선택에서 시작했더라 도 단계를 넘는 과정에서 가르치는 자를 따라야 하는 순간이 있습니 다. 그런데 아이의 처지에서 보면 뭔가 이상합니다.

처음엔 마냥 신나고 재미있고 신기했습니다. 거기다가 큰 노력 없 이도 학습한 성과물은 나왔는데 점점 시간이 흐를수록 배우는 것이

마냥 신나고 즐겁지만 않은 뭔가의 벽에 부딪칩니다.

배우는 자는 가르치는 자를 믿고 더 벽을 두드려야 하는 힘든 과정이 기다리고 있습니다. 어떤 것을 배우든 한 단계의 벽을 깨는 것이 쉽지 않습니다. 성과는 안 나오고 재미는 줄어듭니다. 대략 3개월쯤 지나면 나오는 현상이죠. 이때 아이는 선택의 기로에 섭니다. 계속할 것인가? 포기하고 나갈 것인가?

계속할 것이라고 스스로 결정하는 경우는 별 문제 없습니다. 가르치는 자가 좀 더 강하게 밀어붙이고 배우는 자도 그럴 몸과 마음의 준비를 하고 따라 합니다.

포기하는 경우는 상황이 꼬입니다. 아이도 포기하는 건 뭔가 꺼림칙합니다. 그래서 가장 간단한 이유를 댑니다.

"재미가 없어."

그냥 재미가 없다고 하면 안 됩니다. 다른 흥미로운 배울 거리를 찾아 대체재를 부모에게 제시해야 협상(?)이 됩니다.

"대신 ○○ 배우고 싶어요."

'□□를 버리고 ○○를 배운다.' 아이에게는 아주 합리적인 조합이자 선택입니다. 학원 바꾸기에 성공했을 경우는 또다시 꿈같은 허니문 3개월을 가질 수 있습니다. 학원 바꾸기를 실패했을 경우는 다른 전략을 실행합니다. 지각하기, 빼먹기 등을 합니다. 익숙해지면 거짓말도 술술 하고 그래도 방법이 없으면 시름시름 몸이 아픈 꾀병도 생깁니다.

"안 돼! 계속 다녀."

눈에 뻔히 보이는 수작을 부린다고 생각한 부모가 아이의 전술에 이렇게 대처한다면 아이는 그냥 다닙니다. 이런 상황이 반복되거나 지속되면 아무도 가르쳐 주지 않은 공부의 중요한 한 가지를 놓칩니다. 바로 공부에 있어 반드시 필요한 '호기심'을 소진해 갑니다.

아이가 학원에 잘 다니고 있더라도 꼭 3개월에 한 번씩 점검해 볼 필요가 있습니다. 이때 부모가 선택하는 것이 아니라 아이가 선택해야 한다는 점을 유념해야 합니다. 특히 3, 4학년 시기는 돌봄 차원에서 했던 사교육을 다시 재조정할 수 있는 좋은 기회입니다.

"○○학원 더 다녀야 해?"

"○○학원이 너의 공부에 도움이 되니?"

"학교 공부하는 데 ○○학원이 방해되지 않아?"

'학원을 다녀야 한다'에 방점을 두고 이야기하는 것이 아니라 '학원을 다니지 않으면 안 되나?'에 방점을 두고 물어야 합니다. 학원이 아이에게 꼭 필요하다면 아이는 결코 학원을 놓지 않습니다. 그러나 학습량이 늘어나는 3, 4학년에서는 학교 공부에 충실하도록 유도하는 것이 더 현명한 선택입니다. 부모가 불가피하게 학원을 선택하면 교사는 꼭 이런 당부를 해야 합니다.

"선행학습보다 후행학습에 더 충실해 주세요."

"예습보다 복습에 더 충실해 주세요."

학원 3개월의 법칙은 부모가 꼭 점검해야 합니다.

공부의 중간

아이의 공부에 대해 부모와 상담하다 보면 한숨 섞인 한탄을 듣게 되는 경우가 있습니다. 경쟁사회에 아이를 적응시키기 위해 어쩔 수 없이 남들처럼 사교육을 시킬 수밖에 없다고 하소연하는 부모들이 의외로 많습니다.

현장에서 지켜보면 아이들은 상대적으로 예체능 사교육은 좋아합니다. 특히 태권도나 피아노 등을 좋아하는 아이는 이걸로 스트레스를 풀기도 하죠. 우리 반에 낡은 전자피아노가 한 대 있는데 쉬는 시간마다 즐겨 치며 노는 아이들을 봐도 그러합니다.

그런데 수학, 영어, 논술 사교육은 싫어하는 아이들이 많습니다. 잘하면 잘하는 대로 하기 싫어하고, 못하면 못하는 대로 하기 싫어합니다. 잘하는 아이는 더 단계가 높아지며 어려워지는 선행학습에 지쳐 가고 못하는 아이는 따라가지 못해 자존심 상해 하더군요.

부모와 상담을 하면 사교육에 대한 문제가 쟁점이 안 될 수가 없습니다. 물론 저의 지론 역시 공부를 잘 가르치자 주의입니다.

워낙 아이들이 공부할 준비가 안 되어 있기 때문에 어쩔 수 없이 영화수업[*], 얼렁뚱땅 미술수업^{**}, 화해공감수업^{***} 등으로 마음을 다잡는 활동을 먼저 할 뿐입니다. 아이가 공부를 통해 보다 큰 즐거움을 찾길 바랍니다. 이 부분은 부모님과 서로 마음이 맞는 부분입니다.

그렇다면 중간은 하기 위해 학원을 보내야 한다는 부모의 주장을 조목조목 따져 보겠습니다.

공부를 잘 시키려고 하는 것이 아니다

말은 이렇게 하지만 아이가 공부 잘했으면 좋겠다는 것을 버린 것은 아닙니다. 아마 자녀의 학습에 대해 이 정도까지 상담 진도가 나갔다면 이미 예전엔 자기 아이가 공부를 잘할 거라 믿고 있었을 가능성이 높습니다. 그런데 요즘 아이가 공부를 안 해 속 썩고 있는 중인 거죠.

그래도 '공부를 잘 시키려고 하는 것은 아니다'라고 말할 정도면 자신은 지극히 평범한 부모라는 사실을 내포하고 있습니다. 이 평범

◆ 영화를 보고 논술수업을 하는 필자의 대표 수업, 『영화를 보면 아이의 숨은 마음이 보인다』(전나무숲, 2013), 『아이의 마음을 읽는 영화수업』(에듀니티, 2016) 등의 저서가 있습니다.
◆◆ 그림을 못 그리는 필자로부터 배우는 창의적 미술수업으로 행위 자체가 미적 활동이라는 현대미술의 개념을 기초로 회화와 디자인 중심의 미술수업을 말합니다.
◆◆◆ 다툼이 벌어졌을 때 교사에게 고자질하는 방법이 아닌 아이들 스스로 다툼의 문제를 해결하는 방법을 수업을 통해 익힙니다. 『학생 사용 설명서』(고래가숨쉬는도서관, 2015)에 자세한 설명이 있습니다.

함이 참 애매하고 어렵다는 것이 문제이긴 합니다.

못하니까 중간은 하게 해야 하지 않겠나?

어찌 보면 참 설득력 있는 주장입니다. 훅 들어오는 부모의 이 말에 잠시 흔들리기도 합니다. 하지만 학급 전체로 돌려보면 진짜 이 말을 따라야 하는 부모는 안 따릅니다.

어떤 경우일까요? 바로 기초학력이 부진하여 나머지 공부를 해야할 아이의 부모입니다.

저는 20년간 한 번도 기초학력이 부진한 아이의 부모가 자신의 아이를 기초학력 부진에서 벗어나도록 지도해 달라고 부탁하는 경우를 보지 못했습니다. 주변을 둘러봐도 이런 요청을 하는 부모는 본 적이 없습니다. 여기서 말하는 '중간'은 교사가 바라보는 학급의 '중간'이 아닙니다.

그럼 어디의 '중간'일까요?

바로 이 말을 하는 부모와 가까운 동네 다른 아이의 수준입니다. 그렇다면 동네 다른 아이의 수준은 어떻게 판별할까요? 공부 좀 한다는 어떤 아이의 부모의 입에서 나옵니다.

보통 엄친아라고 불리는 아이의 부모는 자녀의 공부에 대해 모르는 것이 없습니다. 아마 공부에 대해 굉장히 전문적이고, 대단히 심오하며, 굉장히 다양하고, 대단히 발전 가능성이 높은 고급 견해를 말할 겁니다. 아무튼 굉장히 대단하고 대단히 굉장합니다.

아마 20년차 선생인 제가 그 부모들의 대화에 끼어든다면 이런 소리 듣기 딱 십상입니다.

"뭘 모르시나 본데요. 아이를 그렇게 놔두면 큰일 납니다. ○○교육, □□교육을 하고 난 뒤에 △△교육과정을 거쳐야 과고, 외고, 자사고, 특목고에 보낼 수 있어요. 그 뒤에 SKY 있는 거 아시죠?"

그럼 공부의 중간은 뭔 소리일까요? 여기서 중간이란 아예 없는 것과 마찬가지입니다. 어디를 기준으로 두느냐에 따라 중간은 달라질 텐데 시시각각 바뀌는 중간에 기준을 두다가는 뱁새가 황새 따라가다 가랑이 찢어지는 꼴이 납니다.

그렇다면 무엇에 기준을 둬야 할까요? 바로 기초교육입니다. 기초교육은 기준이 명확합니다. 해당 학년에서 제시하고 있는 말하고, 듣고, 읽고, 쓰고, 셈하는 것의 기초 능력에 두면 됩니다. 명확한 기준이 제시되어 있고 그렇게 높은 수준도 아닙니다.

이것은 성취기준이라 하여 학년별*, 과목별, 단원별로 해야 할 기준이 명확히 나와 있습니다. 과목별, 학년별로 배워야 할 과목, 그것도 국어, 영어, 수학, 사회, 과학 등의 성취기준을 기준으로 하면 됩니다. 교사는 성취기준을 참고해서 수업을 하고 도달과 미도달을 구분해 냅니다.

그렇다면 부모가 자녀 학년에 맞는 성취기준을 보려면 어떻게 해야 할까요? 어렵지 않습니다. 지금 아이가 배우는 2015개정교육과

◆ 실제로는 학년군별이나 편의상 학년별이라 합니다.

정 초등학교 성취기준˚은 인터넷 클릭 몇 번이면 찾아볼 수 있도록 아주 잘 정리되어 있습니다.

그렇다면 부모가 이걸 일일이 챙겨 봐야 할까요? 학교에서 아이에게 어떤 성취기준을 요구하는지 참고만 하면 됩니다.

"이야기를 읽고 중심 문장을 찾을 수 있다."

이것은 초등 4학년 국어 성취기준 중 하나입니다. 이야기를 읽고 중심문장이 무엇인지 찾기 위해 한 단원, 꼬박 8차시 수업을 합니다.

못하니까 중간이라도 하기 위해 아이에게 국어, 영어, 수학 사교육을 시킨다고 하지 마세요. 아이한테는 통할지 모릅니다. 여기서 통한다는 건 통하는 것이 아닙니다. 부모에게 말대꾸할 능력과 용기가 없으니 울분을 참고 하지 않을 뿐입니다. 그러다 한계가 오면 아예 안 합니다.

그럼 부모는 무얼 어쩌란 말인지 더 답답해집니다. 대안은 없습니다. 기본과 기초에 충실해야 합니다. 이것은 학교생활을 잘하도록 집중하면 됩니다.

공부에 대한 특단의 대책이나 기적의 공부법 같은 것은 없습니다. 아이가 스스로 선택해서 하지 않은 공부는 해 봤자 헛수고입니다. 그래도 부모의 불안은 가시지 않습니다. 어떻게 해야 할까요? 계속 반복합니다. 아이가 선택하게 해 줘야 합니다.

˚'국가교육과정정보센터(http://ncic.kice.re.kr/)'에 접속하면 성취기준을 확인할 수 있습니다.

"아이가 다니는 그 많은 학원은 아이가 선택했나요?"

이렇게 물으면 거의 대부분의 부모가 입을 닫습니다. 압니다. 이해합니다. 아이를 위해 선택해 준 걸 겁니다.

그러나 정녕 아이를 위한다면 아이가 선택하게 해 줘야 합니다. 4학년쯤 되면 백이면 백 안 한다고 할 겁니다. 간혹 하겠다고 하는 아이도 있습니다. 그럼 저는 꼬치꼬치 물어봅니다.

"정말 하고 싶어?"

몇 번을 물어보면 사실 하고 싶지 않다고 말합니다. 부모 눈치 보고, 부모 실망할까 봐 억지로 다닌다는 아이들이 대다수입니다.

못 믿겠나요? 믿든 안 믿든 그건 부모의 판단과 선택입니다. 한 일 년 학원 안 다닌다고 그 아이의 인생이 달라지지 않습니다. 일 년은 아주 보수적으로 잡은 겁니다. 몇 년 안 다녀도 상관없습니다. 그동안 공부하려는 의지와 습관을 기르는 것이 더 중요합니다. 공부 습관과 의지가 학원에 가면 길러진다고 착각하지 말아야 합니다. 학원에서 길러질 아이면 학교에서 다 기릅니다. 대한민국 초등학교는 그렇게 만만한 곳이 아닙니다.

우리 아이를 위한
개별화 교육

한 반의 아이를 살펴보면 나이만 같을 뿐 전혀 다른 모습으로 생활합니다. 같은 내용을 배우고 익힐 때도 아이마다 조금씩 다른 방식으로 접근합니다. 배우고 익히는 방법도 차이가 나지만 시기도 차이가 납니다. 즉 수업시간에 공부를 같이 하고 있지만 능동적으로 하면서 실력이 늘어나는 아이도 있고 어쩔 수 없이 앉아 딴짓하며 시간을 보내는 수동적인 아이도 존재합니다. 공부하려는 의지가 없으면 좋은 교사도 훌륭한 학습 방법도 소용이 없습니다. 개별화 교육은 이 지점을 주목해야 합니다.

의지를 보일 때 공부를 시켜야 합니다. 아이의 불안이 누그러지거나 사라지면 잘하고 싶은 욕망이 생깁니다. 의지는 그때 생기고 그때를 위해 기다려야 합니다. 무엇을 좋아하는지, 어떤 방법으로 접근했을 때 관심이 있는지 살피는 관찰도 필요합니다. 블록을 맞추듯 아이마다 조금씩 다른 맞춤 블록을 찾는 과정이 개별화 교육입니다. 그런데 한 가지 짚고 넘어가야 할 것이 있습니다.

초등학교 아이의 공부는 특수성이 있습니다. 아이가 공부에 흥미를 가지고 선택하기보단 부모가 먼저 권해 주는 경우가 대부분입니다. 그래서 아이의 개별화 교육을 이야기하려면 부모가 개별화 교육에 대한 이해가 있어야 합니다.

여기에 다시 고민거리가 하나 더 있습니다. 아이의 성향도 천차만별이지만 부모의 성향도 천차만별이란 사실이죠. 그런 아이들을 위해서 개별화 교육이 필요하듯, 천차만별인 부모를 위해서도 개별화 교육이 필요할까요? 그런데 교사는 알려 주지 않습니다.

그럼 아이도 천차만별이고 부모도 천차만별인데 교사는 일관성 있는 대상일까요? 교사의 성향도 천차만별입니다.

이렇듯 천차만별인 아이를 두고 천차만별인 부모와 교사가 개별화 교육에 대해 이야기한다는 것 자체가 코미디처럼 보입니다. 그러나 이것이 현실이고 여기서부터 자신의 방식을 찾아야 하는 것이 진정한 배움입니다.

제가 천차만별인 부모를 대하는 방법부터 공개하겠습니다. 아이를 위한 개별화 교육이라 쓰고 부모를 위한 개별화 교육이라 읽겠습니다.

보통 부모와 교사는 교실 상담에서 만납니다. 부모도 교사를 만나는 것이 부담스럽듯 교사도 마찬가지입니다. 저는 부모의 모습 중 3분의 1, 즉 교사에게 행하는 태도, 습관, 말투, 행동 등 언어적 혹은 비언어적 행동이나 습관은 있는 그대로 봐 줍니다.

저도 교사이기 이전에 감정의 동물인지라 상담 중 마음이 언짢아지는 경우가 있습니다. 나중에 곰곰이 생각해 보면 부모의 말이 틀린 것이 아니라 부모가 대화하는 방법, 즉 성향이 맞지 않아 생기는 오해가 많았습니다. 특히 자녀의 이야기를 듣고 흥분하거나 부정하거나 변명하는 경우는 너무 흔합니다. 교사는 사실을 알려 주려고 하지만 듣는 부모는 마음이 편치 않습니다. 부모의 감정이 틀어지면 같은 말도 부드럽지 않습니다. 그럴 땐 당혹스럽지만 최대한 마음을 다잡습니다.

흥분하는 부모는 그럴 수 있다고 생각도 하고, 남 탓을 하는 부모는 뭔가 불안한 것이 있지 않나 생각도 해 주고, 근심에 차 있는 부모는 위로를 해 주고, 초조한 부모에겐 여유를 주려고 합니다.

이것이 부모의 모습 3분의 1이고 제가 부모를 대하는 개별화 교육의 바탕입니다. 즉 부모의 이야기를 각자의 스타일대로 풀어놓을 수 있도록 들어 줄 준비를 합니다. 교사가 부모를 대하는 측은지심의 마음은 여기서 가장 먼저 필요합니다.

교사들이 힘들어 하는 건 불안, 걱정, 근심, 분노, 질책 등의 부정적인 감정의 화살이 교사에게 겨눠질 때입니다. 부모가 오해를 할 땐 방법이 없습니다. 단, 조금이라도 실수하거나 잘못한 것이 있으면 곧바로 사과하고 용서를 구합니다. 그렇지 않은 오해인 경우에도 교사가 평상심만 유지할 수 있으면 거의 대부분 풀립니다.

사실 교사와 부모 사이에 오해가 생겨 얼굴 붉힐 일까지 진행되는 건 교육의 문제라기보다 자존심의 문제에서 촉발되는 경우가 더 많습니다. 교육 방식에 대한 문제와 오해는 오히려 쉽게 풀리고 오해가 풀리는 순간 서로에 대한 신뢰도 높아집니다.

여기까지 읽으셨으면 다시 부모의 모습 3분의 1을 읽어 보세요. 대신 교사를 부모로, 부모를 교사로 바꾸어서 말이죠.

느낌이 오십니까? 교사가 부모의 모습 3분의 1을 그대로 봐 줘야 하듯, 부모도 교사의 모습 3분의 1을 있는 그대로 봐 줘야 합니다. 교사와 부모의 모습 3분의 1의 터널(?)만 잘 통과해도 아이의 개별화 교육에 대한 협력자가 될 수 있습니다.

이제부터 개별화 교육의 진검 승부인 나머지 3분의 2에 대해 알아보겠습니다.

그렇다면 부모를 위한 개별화 교육의 본질은 무엇일까요? 바로 자신의 자녀에게 주목해야 합니다.

"뭣이 중한디? 뭣이 중하냐고? 뭣이 중한지도 모름시로."

영화 〈곡성〉의 이 대사는 부모의 개별화 교육 본질에 대해서 핵심을 관통합니다.

양육은 크게 3단계를 거친다고 합니다.

1단계는 태어나서 학교 오기 전까지이고 이때는 애착이 가장 중요합니다.

2단계는 학교에 들어오는 단계이며 이때는 사회성 형성을 위한 훈육을 중요하게 여겨야 합니다.

3단계는 사춘기에 접어들 무렵이며 이때는 아이의 자립을 가장 중요하게 생각해야 합니다.

애착, 훈육, 자립은 부모가 해야 할 양육의 본질이며 이것이 부모 역할과 자녀의 개별화 교육을 관통하는 핵심입니다. 아이가 애착에서 훈육으로, 훈육에서 자립으로 넘어가는 시기에 보이는 모습은 다릅니다.

그렇다면 아이가 바뀌는 걸 어떻게 알 수 있을까요? 아이의 담임인 교사가 가장 객관적이고 정확한 정보를 가지고 있습니다. 이걸 위해 교사와 부모는 서로 3분의 1의 개별화 교육이 필요합니다.

아이의 모습이 다르기에 부모의 모습도 아이에 맞춰서 변해야 합니다. 그 변함을 성장이라 부릅니다. 성장은 아이만 하는 것이 아니라 아이와 함께하는 부모도 합니다.

어렵다고 생각하면 어렵고 쉽다고 생각하면 별것 아닙니다. 어느 순간 아이로부터 배울 점이 생긴다면 그때가 바로 부모도 함께 성장하는 순간이 되겠죠. 아이와 함께 배우고 성장하는 것이 부모의 개별화 교육이고 이것이 진정한 아이의 개별화 교육으로 이어집니다.

개별화 교육의 나머지 3분의 2는 바로 이것입니다.

공부의 탁월함과
태도의 탁월함에 관하여

잘하는 것과 탁월한 것은 차이가 있습니다. 잘하는 것은 일정 수준 이상인 경우를 말하죠. 노력해서 도달할 수 있는 정도를 말하기도 합니다. 아이가 잘하기 위해서는 스스로 노력이 필요하고, 부모나 교사의 도움도 필요합니다. 잘할 수 있는 환경도 중요하죠.

'잘한다'의 의미 안에는 성과가 도드라지게 나오지 않아도 꾸준하게 노력하는 모습이 포함됩니다. 그러나 탁월한 것은 다른 의미입니다. 탁월함은 범접하기 어려운 경지입니다. 탁월함은 노력과 도움과 환경만으로 해결되지 않는 경지입니다. 잘하는 것 중에 아주 극소수만 탁월한 경지에 도달합니다. 어쩌면 탁월함은 타고나기도 합니다.

탁월함이 가장 도드라지게 드러나는 분야는 예술일 겁니다. 악보 보고 건반을 실수 없이 누를 수 있다고 탁월함으로 인정하지 않습니다. 똑같은 대상을 보고 같은 도구로 그려도 현격한 수준의 차이가 나는 탁월함이 있습니다. 예술 방면에서 탁월함을 이룬 경우는 극소수이고 대부분은 탁월함을 쉽게 인정하거나 아예 관심이 없습니다.

그렇다면 체육 방면은 어떨까요? 탁월한 운동 능력도 타고나는 것일까요? 어떤 운동 종목이든 즐길 수 있는 수준을 넘어서 잘하는 수준까지는 연습과 노력으로 갈 수 있지만 프로선수로서의 탁월함은 타고나야 합니다.

그렇다면 공부 능력은 타고나는 걸까요? 예술이나 체육보다 더 저변이 넓습니다. 기술과 방법뿐 아니라 정보도 차고 넘쳐 하겠다는 의지만 있으면 부모와 교사의 지원은 언제든지 받을 수 있고 환경도 좋습니다.

그렇다면 공부는 의지와 노력, 도움과 환경으로 탁월한 경지에 오를 수 있을까요? 아니면 공부 역시 타고나는 것일까요? 저는 공부에도 탁월한 재능이 필요하다고 믿습니다.

앞서 초등교육은 기초와 기본을 중심으로 바람직한 민주시민의 기본 자질을 함양하는 데 그 목적이 있다고 했습니다. 민주시민의 기본 자질이 배어 나오는 것은 태도입니다.

탁월한 민주시민의 태도는 무엇일까요? 복잡하고 어렵지 않습니다. 자신의 모습이 무엇인지 잘 알고 자신의 몸가짐과 주변을 관리하며 책임감 있는 판단과 결정을 할 수 있고, 타인과 균형 잡힌 관계 형성을 하는 것입니다.*

그렇다면 탁월한 태도는 타고나는 것일까요?

탁월한 태도는 만들어 가야 합니다. 부모는 아이의 예술적 능력,

운동 능력이 탁월하지 않다고 절망, 좌절, 열등감을 느끼지 않습니다. 하지만 탁월한 공부의 능력이 아이에게 없다면 이야기는 달라집니다.

탁월한 공부의 능력을 가진 아이는 아주 극소수이고 그것은 예술과 운동 영역도 마찬가지입니다. 예술과 운동이 탁월하지 않다고 인생을 망치는 것이 아니듯 공부 역시도 마찬가지입니다.

그러나 예술적 능력, 운동 능력, 공부 능력 중 아이가 가졌으면 하는 능력이 무엇인지 자문해 봅시다. 혹시 아이의 공부 능력을 탁월함의 수준으로 올리고 싶어 하지 않나요? 그럴 수 있다고 믿고 싶은 것은 아닌가요? 이것이 부모의 욕망입니다. 그렇지만 부모라면 누구나 욕망하는 현실적인 기대이기도 합니다.

아이는 공교육에서 예술, 체육, 공부, 태도를 접하고 배웁니다. 예술, 체육, 수학, 과학에서 탁월한 재능을 보이는 아이는 영재교육을 받아야 하지만 엄밀히 말해 초등학교는 그런 아이를 위한 곳이 아니라 기본, 기초 교육을 하는 곳입니다. 그렇다면 탁월한 태도는 공교육으로 기를 수 있을까요?

가능합니다. 대신 쓸데없고 이상한 것 안 하고 태도만 가르치라고 하면 가능합니다. 태도는 타고나는 것이 아니라 만들어지는 것입니다. 탁월한 영역까지 못 가도 바람직한 방향으로 갈 수 있습니다. 공교육이 가장 경쟁력 있는 분야는 바로 태도의 학습입니다. 좀 더 형이하학적으로 생각해 보겠습니다.

탁월한 태도는 먹고사는 능력을 갖추는 데 기반이 될까요? 탁월한 태도는 기본 공부 능력의 토대가 될까요? 탁월한 태도는 사교육이 필요한가요?

탁월한 태도는 자기를 관리할 줄 알고, 타인과 관계 맺을 줄 알고, 자신의 감정을 관리하고 타인의 감정을 읽을 줄 알며, 사회정서학습이 된 것을 다시 행동으로 옮길 줄 아는 것입니다. 너무 복잡하고 어려운가요?

1. 인사를 잘 하고
2. 미안합니다/고맙습니다/감사합니다/죄송합니다를 적재적소에 말할 줄 알고
3. 신용을 지키고
4. 자기 주변 정리 정돈을 할 줄 아는 것입니다.

이것이 탁월한 태도이고 전 세계 어디에서도 통할 수 있는 세계표준 태도이며 이것이 모이면 국가 경쟁력이고 미래교육이며 4차산업혁명의 불쏘시개가 됩니다. 앞으로 나올 수많은 잡다한 교육 방법의 밑바탕에 탁월한 태도가 깔려 있습니다.

공부의 탁월함을 원하시나요? 먼저 태도의 탁월함에 관심을 기울여 주세요.

학교는 태도의 탁월함을 배우기에 아주 좋은 장소입니다. 아이를 기준으로 다시 정리하면 이렇습니다.

1. 인사하기

2. 미안해, 고마워 말하기

3. 종 치면 자리에 앉기

4. 책상, 사물함 정리하기

과연 이것이 공부와 무슨 연관이 있는지 하나씩 풀어 나가겠습니다.

인사가 만사

교사가 인사를 해도 멀뚱멀뚱 쳐다보는 아이가 있습니다. 하는 둥 마는 둥 고개만 까딱하는 아이도 있습니다. '안녀쇼', '아느세요'란 이상한 말로 인사하는 시늉만 내는 아이도 있습니다. 이런 아이들은 같은 교실의 친구들에게도 인사를 잘 안 합니다.

인사가 뭐라고 이렇게 강조하는지 궁금하시지요?

학교생활에서 가장 중요한 것은 적응입니다. 초등학교는 아이가 겪어 온 유치원과 판이하게 다릅니다. 초등학교 1학년 선생님은 그 학교에서 가장 친절한 교사입니다. 그러나 아이가 느끼기엔 인생에서 만난 교사 중 가장 무섭고 어려운 교사입니다. 그러니 학교생활에서 적응은 단순히 선생님과 친구들을 익숙하게 대하고 학교 내외를 알아가는 것보다 더 큰 교육적 의미가 있습니다.

아이가 공부를 하고 재능을 발견하며 꽃피우기 위해선 충족되어야 할 것이 있습니다.

'이곳은 안전한 곳이구나.'

'이곳은 편안한 곳이구나.'

'날 해치거나 혼내지 않는구나.'

아이가 이런 느낌이 들어야 합니다. 학교, 교실, 교사, 친구, 시설, 분위기 등 하나하나 맞춰 나가는 것이 적응입니다. 시설이나 환경은 익숙하지 않고 몰랐기 때문에 써 보면서 알게 되고 자연스럽게 익숙해집니다. 하지만 교사, 친구 등의 관계는 익숙해지기 위해 다른 노력이 필요합니다.

시설이나 환경은 상대적으로 아이 스스로 시간과 간격을 조절해 가며 적응할 수 있지만 관계는 상호작용이라 아이가 불안하면 상대 아이도 불안하고 지켜보는 교사도 불안을 감지하기 때문에 간격을 조절할 여유가 없어 보입니다.

아이의 눈으로 바라본 학교의 적응은 좋은 선생님과 좋은 친구를 만나는 겁니다. 누가 좋은 선생님인지 몰라 불안하고 내 옆의 아이가 좋은 친구인지 몰라 불안합니다. 이것이 아이가 관계 형성을 하면서 느끼는 불안의 실체입니다. 그나마 1학년은 적응을 가장 중요하게 여기기 때문에 많은 시간과 관심을 가집니다.

'이제 제법 컸으니 잘 적응하겠지?'

'이제부턴 본격적으로 공부를 시켜야겠어.'

학년이 올라가고 고학년이 되면 적응에 대한 부모의 관심이 상대적으로 줄어듭니다. 적응에 관한 문제는 초등학교 내내 관심 있게 지켜봐야 합니다. 그런데 부모가 이걸 확인하는 방법이 딱히 없다는 것이죠.

인사의 중요성은 여기서부터 시작합니다. 아이가 교사나 친구들에게 인사를 잘하는지 교사에게 물어보면 적응의 힌트를 알 수 있습니다. 어째서 인사가 아이의 적응 정도를 알 수 있는 힌트인지 그 비밀을 알려 드리겠습니다.

인사를 잘하지 않는 아이는 교사와 시선을 맞추는 것에 익숙하지 않습니다. 시선을 맞추지 않는다는 것은 주눅 들었다는 뜻입니다. 아이가 자신감이 없으면 주눅이 듭니다. 자신감이 없는 이유는 다양하지만 스스로 좋은 사람이라 생각하지 않는 이유가 가장 큽니다. 자신감이 없으면 행동에 부자연스러움이 생깁니다.

'이렇게 말하면 오해하지 않을까?'

'이걸 하면 혼나지 않을까?

자신감이 없는 아이는 행동에 위축이 옵니다. 그런데 교사나 다른 아이가 보기엔 자신감 없는 아이가 위축되었다고 여기지 않을 수 있습니다. 이상하지 않나요? 아이 스스로는 위축되었다고 하는데 타인은 그걸 알아 주지 않습니다.

위축된 아이는 조심하지 않아도 되는 것엔 지나치게 조심하고, 조심해야 할 것엔 함부로 하는 경향이 있습니다. 조심하지 않아도 되는 것은 감정을 표현하고 호기심을 발휘하며 새로운 것을 접하고 익히는 것입니다. 교실은 작은 사회와 같습니다. 감정과 호기심과 배움에 있어 조심보다 적극성이 더 필요합니다. 과한 경우는 교사나 친구들이 적절하게 조절해 줄 수 있기 때문에 표현 그 자체는 적극적으로 해야 합니다.

조심해야 할 것은 규칙을 정하고 그것을 지키는 것입니다. 표현은 적극적으로 하면서도 규칙을 지켜야 하는 이중성이 있지만 이것을 조화롭게 녹여 가는 과정이 적응이고 사회화 과정입니다.

즉 자신감이 없으면 감정 표현과 호기심 발휘는 물론 배움 자체가 어렵습니다. 대신 자신을 지나치게 보호하거나 존재감을 드러내기 위해 타인의 감정을 생각하지 못하는 데에서 갈등이 생깁니다. 이것이 반복되면 다시 주눅이 들고 좋은 행동은 더 못하게 되고 안 좋은 행동으로 무너진 자존심을 세우려 하지요.

아이는 정도의 차이가 있을 뿐, 자기중심성이 강합니다. 그러니 갈등은 필연적입니다. 이런 갈등 상황을 미연에 방지하는 가장 강력한 행위는 인사입니다.

인사를 잘한다는 건 앞으로 벌어질 수 있는 갈등을 최소한으로 만들어 주고 서툰 감정의 표현을 중화시켜 주며 적극적인 호기심을 발휘하는 데 도움을 줍니다. 그 과정이 배움이고 이것을 자연스럽게 녹여 가는 것이 적응 과정입니다.

"선생님, 안녕하세요."

아침에 교사와 반갑게 인사할 줄 아는 아이는 교사와의 관계에서 신뢰를 쌓을 수 있습니다.

"친구야, 안녕. 좋은 하루 보내."

옆에 앉은 친구에게 인사할 줄 아는 아이는 좋은 친구를 사귀는 방법을 자연스레 터득합니다.

인사도 가르쳐야 합니다. 어떻게 인사하면 좋은지 알려 줘야 합니다. 상대의 눈을 보고 밝은 미소를 짓고 너무 크지 않게 너무 작지 않게 인사해야 합니다.

인사는 초등학교보다 유치원에서 더 강조해서 가르칩니다. 두 손 모아 배꼽인사 하는 방법도 유치원에서 다 배워 옵니다. 아이도 인사하는 방법을 모르지 않습니다. 인사를 안 하는 아이는 인사의 중요성을 모르기에 잘 안 합니다.

저는 일 년 내내 인사하기를 지도합니다. 덩치가 큰 6학년도 예외가 아닙니다. 아이에게 인사를 지도하면서 두 가지 원칙을 일 년 내내 강조합니다.

첫째, 인사를 하면 좋은 선생님과 좋은 친구를 만날 수 있다고 알려 줍니다.

둘째, 저도 일 년 내내 아이들과 인사를 합니다.

미안할 때 미안하다 말하고 고마울 때 고맙다고 말해야 합니다.

◆ 사과하기 힘들어 하는 나윤이 이야기 ◆

4학년 나윤이(가명)이는 청소 당번이다. 스스로 원해서 시작했는데 선생님이 검사하지 않는 것 같자 한두 번 빼 먹었다. 청소를 두 번 빠지니 같이 청소하던 아이들이 심통이 났다.

"선생님 나윤이가 청소 안 하고 그냥 가요."

아이들이 이구동성으로 이야기하니 나윤이는 당황하며 선생님의 눈치를 봤다. 선생님이 나윤이를 불러 물어봤다.

"청소 안 한 거 맞니?"

"안 한 것 맞아요."

"아이들이 수업시간에 공개적으로 말하는 것을 보면 화가 난 거야. 어떻게 하면 좋겠니?"

"......."

"잊어버릴 수 있어. 괜찮아. 대신 아이들에게 청소 안 해서 미안하다고 말하고 다음부터 잊어버리지 않고 잘하겠다고 말하면 된다."

"......."

기회를 줘도 나윤이는 끝내 말을 못했다. 선생님은 쉬는 시간에 다시 나윤이를 불렀다.

"나윤아, 공개적으로 하는 게 가장 좋은데 그것이 힘들면 청소하는 친구들에게만 해도 괜찮아. 집에 가기 전엔 할 수 있겠니?"

나윤이는 가타부타 말도 없이 방긋 웃기만 했다.

다음 날이 되었다. 선생님이 학교에 가장 먼저 온 나윤이와 인사하고 물었다.

"그래. 사과하고 화해는 했니?"

얼음이 된 나윤이.

"안 하면 나윤이만 힘들 텐데. 아마 모르긴 몰라도 어제오늘 계속 마음에 걸렸을걸?"

"......."

"입장 바꿔 생각해 봐라. 다른 아이가 청소 안 하고 미안해 하지 않으면 나윤이 너는 잊어버리겠니?"

나윤이는 고개를 가로젓긴 했지만 다음 날이 되어도 '미안해'라는 말을 하지 않은 듯했다.

"이틀 동안 참 괴로웠지? 선생님한테는 미안해 하지 않아도 괜찮아. 난 별 관심 없으니까. 그런데 나윤이가 참 괴로울 거 같아."

"힘들고 괴로워요."

"오늘은 교실 청소하는 날이네. 오늘이 마지막 기회이자 좋은 기회다. 오늘은 꼭 성공하길 빌어."

나윤이에게 '미안해' 한마디는 참 어려운 숙제인가 봅니다.

아이들은 교실에서 무수히 많은 오해와 다툼의 연속인 하루하루를 보냅니다. 그렇지만 어른보다 뛰어난 감정의 항상성과 회복탄력성이 있기 때문에 수많은 난관을 극복해 나갑니다.

그러나 아무리 항상성과 회복력이 높아도 문제 상황은 그냥 해결되지 않습니다. 오해와 갈등을 해결하는 촉매가 필요한데 그것이 바로 마법의 단어인 '미안해'입니다.

미안할 때 미안하다고 말하면 어지간한 오해와 갈등이 풀리는 기적을 기대할 수 있습니다. 그런데 왜 아이들은 미안하다는 말을 잘하지 못할까요?

그건 자존감과 자존심에 비밀이 있습니다. 잘못한 아이는 잘못을 모르지 않습니다. 그러나 잘못을 인정하면 자기가 나쁜 아이로 인식될까 두려워합니다. 부정적인 자존감이 높은 아이일수록 이런 경향이 강하고 이런 아이는 자신을 보호하기 위해 자존심을 세웁니다.

자존심은 자기가 무너지지 않기 위해 꼭 필요합니다. 잘못을 인정하는 것엔 용기가 필요합니다. 잘못을 인정하기 위해선 자기의 행동을 인정해야 하고 인정하면 타인으로부터 용서받을 수 있다는 믿음이 있어야 합니다.

부정적인 자존감을 가진 아이들끼리는 다툼이 잦습니다. 부정적인 자존감을 가진 아이라도 친구가 잘못을 인정하면 받아 줍니다. 부정적인 자존감을 가진 아이는 자기의 잘못을 인정하면 친구에게 질책을 받거나 용서받지 못할 것이라고 생각하기 때문에 더욱더 자존심을 세워 방어합니다. 방어하는 방법은 다양합니다. 책임을 떠넘기거나, 모른 척하거나, 발뺌하거나 핑계를 대기도 합니다. 하다하다 안 되면 아예 입을 닫아 버립니다.

오해와 갈등이 깊어지면 아이는 공부를 할 수 없습니다. 자기의 모든 역량을 자기를 방어하거나 자존심을 세우는 데 쓰기 때문입니다. 아이들은 친하게 지내다가도 가끔 자제력을 잃을 때가 있고 다툼으로 이어집니다. 사소한 말다툼에서부터 주먹다짐까지 다양하지만 대부분은 사소한 오해로부터 시작된 쌍방 과실인 경우가 많습니다.

오해와 갈등으로부터 다툼이 벌어집니다. 다툼은 벌어지면 화해하더라도 앙금이 남습니다. 다툼이 벌어지기 이전에 마음이 상하거나 오해가 생겼을 때 자신의 감정을 먼저 이야기해서 다툼으로 발전되지 않도록 하는 것이 우선입니다.

'미안해'는 관계를 회복하는 데 필수적인 것입니다. 사과한다고 해서 자존심이 상하는 것이 아니라 오히려 용기 있는 행동임을 알아야 합니다. 미안함을 보여 주는 좋은 표현이 있습니다.

"미처 생각하지 못했어."

"네가 마음 아팠다니 미안해."

"네 물건을 함부로 망가뜨려서 미안해."

"내가 거기까지 신경 쓰지 못했어."

"기분 나빴겠구나. 미안해."

"고의는 아니었어. 오해는 하지 말아 줘. 하지만 내가 정말 미안해."

사과는 구체적으로 하는 것이 좋습니다. '미안해'는 화해를 부르는 마법 같은 말입니다.

'미안해'만큼이나 작은 배려에 감사하는 마음을 표현하는 것도 중요합니다. 배려를 받는 순간에 하지 못했다면 쉬는 시간이나 여유가 있을 때 꼭 감사하다고 해 줘야 합니다. 배려를 받고 감사를 표현하는 것을 습관처럼 해야 합니다.

말로 표현하는 것 말고도 친구의 어깨를 쳐 주거나 손을 잡아 주는 등의 스킨십을 함께해 주는 것도 좋습니다. 고마움을 표현할 때는 단순히 '고마워'로 끝내는 것보다 고마운 이유를 앞에 붙여 주면 더 진정성 있게 느껴집니다.

친구 사이에도 감사함의 표현은 꼭 해 주는 것이 좋습니다. 나중에 자칫 사이가 틀어지더라도 서로 신뢰감이 남아 있다면 회복도 빠르게 할 수 있습니다. 감사함을 보여 줄 수 있는 좋은 표현이 있습니다.

"연필을 빌려 줘서 고마워."

"붓이 없어서 당황했는데 빌려 줘서 얼마나 고마웠는지 몰라."

"다음엔 내가 널 도와줄게."

"신경 써 줘서 고마워. 안 잊을게."

고마워는 신뢰를 쌓아가는 마법의 표현입니다.

교우관계에 있어 미안해와 고마워는 그 어떤 말보다 어긋난 감정을 빨리 순화시키고 신뢰의 감정을 돈독하게 해 줍니다.

학교폭력 문제로 아이가 학교에서 잘 생활할지 걱정되신다고요? 상담할 때 담임에게 물어보세요.

"선생님, 우리 아이는 미안할 때 미안하다고 하고 고마울 때 고맙다는 말을 잘 하나요?"

아이가 학교에서 어떤 모습으로 생활하는지 구체적인 모습을 알 수 있습니다.

미안해와 고마워를 말할 수 있는 아이는 학교생활을 잘하는 튼튼한 기반이 되고 이것은 학습력을 발전시키는 계기가 됩니다.

공부를 잘하기 위한
제1 조건

제 교실에서 살아남으려면 네 가지를 지켜야 하는데 인사하기, 미안해/고마워 하기에 이어 나오는 세 번째가 '종 치면 자리에 앉기'입니다.

아이들에게 공부 잘하는 방법을 알려 주면서 그 첫 번째로 종 치면 자리에 앉으라고 합니다. 공부를 잘하는 아이들을 관찰해 보면 대부분 수업 준비가 잘 되어 있습니다.

공부에서 가장 중요한 두 가지를 꼽으라면 호기심과 집중력입니다. 호기심은 발현시키는 것이 중요하지만 집중력은 유지시키는 것이 더 중요합니다. 공부하기 싫어하는 것은 아이의 특성이지만 공부를 못하고 싶어 하는 아이는 없습니다. 공부를 잘하고 싶어 하는 아이의 욕망을 이용하여 집중력을 유지시키려고 하지만 공부할 의지가 없으면 효과가 떨어집니다.

의지는 겉으로 보이지 않습니다. 의지가 충만하다고 잘되는 것도 아닙니다. 의지를 공부의 집중력으로 유지시키기 위해서는 겉으로 보이는 준비도 해야 합니다.

'종 치면 자리에 앉는다'는 엄밀히 말하면 공부하는 준비이면서 준비의 결과입니다. 종 치면 자리에 앉기 위해서 어떤 과정이 필요한지 아이의 등교와 함께 재구성해 보겠습니다.

아침에 학교에 온 아이는 사물함에서 오늘 공부할 책과 공책을 꺼내 자기 책상 안에 정리해야 합니다. 만약 어제 정리를 안 해 두었다면 사물함과 책상 속은 어지러울 것이고 3일 정도만 내버려 두면 책상 속과 사물함은 난장판이 되어 있을 겁니다.

필통에는 몇 자루의 연필과 지우개, 짧은 자와 색 볼펜 정도가 있으면 됩니다. 거기에 형광펜, 색연필 등등이 있으면 좋지만 요즘은 학용품이 모자라기보단 많아서 정리가 안 되는 아이가 더 많습니다.

좀 더 심각한 아이는 연필도 많고 지우개도 여러 개인데 쓸 만한 것이 별로 없어 고르다가 시간을 다 보냅니다.

즉 종 치면 자리에 앉기 위해서 책상, 사물함 정리가 다 되어 있고 필기구가 준비되어 있으며 교과서는 오늘 배울 곳을 열고 있어야 한다는 뜻입니다.

3학년만 되어도 종 치고 자리에 앉아야 한다고 주문할 때 '왜 해야 하는가?'에 대한 의문을 가지지 않습니다. 종 치면 자리에 앉는 것은 당연한 것 중에 당연한 것이라고 아이들도 생각합니다.

강압적으로 하지 않고 스스로 자율적인 습관이 들어 있는 교실이라면 장담컨대 그 아이들의 학급 문제는 어떤 경우에도 심각한 수준으로 발전하지 않고 수업의 집중도는 높을 것이라 확신합니다.

거기에 좀 더 더하면 아이들끼리의 협력학습은 물론 교사에 대한 신뢰도 역시 높을 겁니다.

처음부터 끝까지 일 년 내내 강조하고, 주입하고, 설득하며 압박해 가는 우리 교실에서도 스스로 실천하는 아이는 손에 꼽을 정도입니다. 물론 아주 강력하게 압박하면 겉으로 보이는 모습은 잘될지 모릅니다. 그러나 책상 속은 엉망이고 사물함 정리가 안 된 아이들은 종이 쳐도 자리에 앉을 줄 모릅니다.

종 치면 자리에 바로 앉지 못하는 아이는 냉정하게 말해서 수업들을 준비가 안 되어 있는 겁니다. 수업 준비가 안 되어 있다는 것은 수업이 우선순위가 아니란 뜻입니다. 수업이 우선순위가 아니란 것은 수업에 집중할 몸과 마음의 준비가 안 되어 있다는 뜻입니다. 수업에 집중할 몸과 마음의 준비가 안 되어 있는 아이는 그냥 몸만 학교에 있는 것 이상의 의미가 없을 수도 있습니다.

'공부가 재미없다.'

'선생님이 재미있게 가르쳐 주지 않는다.'

'선생님이 못 가르친다.'

'나와 수준이 맞지 않다.'

'반 아이들이 별로다.'

'선행학습을 해서 이미 다 알고 있는 것이다.'

종 치면 자리에 앉지 않는 아이가 공부를 못할 때 위와 같은 변명을 늘어놓을 수 있습니다. 그럴 때마다 전 '종 치면 자리에 앉기'부터 실천하라고 합니다. '종 치면 자리에 앉기'만 잘해도 공부의 반은 한다고 말합니다.

아이들은 이 말을 잘 믿지 않습니다. 하긴 부모님들도 믿기 어려워 합니다.

하지만 공부에 대해 깊이 생각해 보면 '종 치면 자리에 앉기'가 얼마나 어려운 과제인지 알 수 있습니다.

교사의 눈치를 보지 않고 자율적으로 꾸준히 이런 준비를 하다 보면 어느 순간 자신만의 수업시간이 늘어납니다.

초등에서는 한 시간 수업이 40분으로 이뤄집니다. 교실에는 여러 부류의 아이가 있는데 종 치고 수업에 집중하지 못하는 아이가 상당수입니다. 그런 아이들은 책이 없어서, 필기구가 준비되지 못해서, 어디서부터 하는지 몰라서 우왕좌왕하는 경우가 대다수입니다.

'종 치면 자리에 앉기'는 복잡하고 어려운 것이 아닙니다. 그러나 복잡하고 어려운 수많은 태도와 행동의 결정체입니다. 이걸 꾸준히 할 수 있느냐 없느냐는 향후 학습과 태도 형성에 지대한 영향을 미칩니다.

무림의 고수들은 제자를 받으면 바로 무공단련을 시키지 않습니다. 마당과 마루를 쓸고 닦고, 물을 긷고, 통나무를 옮기는 등의 허드렛일을 시킵니다. 나중에 알고 보면 이런 허드렛일들이 기초 체력과 인내심을 길러 주죠.

공부도 마찬가지입니다. 학교 수업에서 승부를 봐야 합니다. 수업이 모든 것을 해결해 줄 수는 없지만 공부의 큰 줄기와 맥을 잡는 것에는 수업을 따라올 것이 없습니다.

잔가지와 잎을 다는 연습은 아이가 해야 할 연습의 몫입니다. 잔가지와 잎을 잘 달수록 아이의 실력은 늘어납니다. 그런 잔가지와 잎을 잘 달기 위해선 큰 줄기와 맥을 잡는 수업 과정을 간과해선 안 됩니다.

종 치면 자리에 앉기는 수업에서 공부의 큰 줄기와 맥을 잡도록 하는 핵심 활동이지만 자발성과 일관성을 가지고 해야 하는 태도이기에 결코 쉽지 않습니다.

부모가 학교에 가면 자녀의 생활 태도 중 물어보셔야 할 세 번째가 이겁니다.

"선생님, 우리 아이는 종 치면 자리에 앉나요?"

책상과 사물함 정리의
중요성

제 교실에서 지켜야 할 네 가지 중 마지막입니다. **다시 한 번 정리하겠습니다.**

1. 인사하기
2. 미안해, 고마워 말하기
3. 종 치면 자리에 앉기
4. 책상, 사물함 정리하기

이 중 가장 안 되는 건 책상과 사물함 정리입니다. 아이들은 학교에 오면 오늘 공부할 책을 사물함에서 꺼내 옵니다. 그러곤 책상 안에 넣어 두지요. 필기구와 공책도 책상 안에 넣어 둡니다. 그것뿐만이 아닙니다. 하루가 멀다 하고 나오는 안내장, 교과서 뒤에 붙어 있는 붙임딱지, 쉬는 시간에 놀 물건들까지. 어떤 아이들은 책상 속에 송곳 하나 들어갈 틈이 없을 정도로 빼곡합니다. 어제 공부한 책, 오늘 공부할 책을 함께 쟁여 두는 경우도 허다하지요. 그렇다면 이런 아이들의 사물함은 어떨까요?

역시 지저분합니다. 정리 정돈이 안 되어서입니다. 정리 정돈의 핵심은 버리는 것에 있지요. 책상과 사물함 정리 정돈이 뭐가 그리 중요하냐고 생각할지도 모르겠습니다.

인사, 사과와 고마움에 대한 표현이 관계 형성의 핵심이라면 책상, 사물함 정리는 자기관리의 정점에 있습니다. 매일 정리할 것이 생기고, 매일 치워야 할 것이 생깁니다. 매일 집에 가기 전에 책상과 사물함 정리를 해 놓고 가길 주문합니다. 일 년 내내 주문하고 일 년 내내 잔소리합니다.

책상, 사물함 정리가 왜 중요할까요? 공부를 하든, 관계 형성을 하든 자기관리는 필수 중에 필수입니다. 개인과 공공의 접점에 있는 자기관리가 바로 책상과 사물함입니다. 자기의 것이면서도 자기의 것이 아니라고 생각할 가능성이 높습니다.

그래서 전 일 년간 자리를 바꿔도 책상은 개인의 것으로 고정시킵니다. 그러니 자리를 바꾸면 자기 책상도 옮깁니다. 책상과 사물함을 정리할 수준이면 종 치면 자리에 앉고 공부할 준비까지 마쳤다고 볼 수 있습니다. 자기 정리가 끝났기 때문에 심리적으로 안정된 상태입니다. 심리적 안정감은 타인에게 신뢰감을 줍니다. 또 돌발적인 상황 변화와 변수에 능동적으로 대처할 가능성이 높습니다. 공부, 태도 두 마리 토끼를 다 잡을 수 있는 행동이기 때문에 제가 관찰평가에서 가장 높은 점수를 주는 항목입니다.

아이들도 이것이 힘든 일이 아니란 걸 압니다. 그런데 안 되는 아이는 왜 안 될까요?

바로 나태함 때문입니다. 책상, 사물함 정리는 지도하는 자의 입장에서 보면 아주 간단한 지도입니다. 관찰하기도 편하고, 하는지 안 하는지 한눈에 파악되고, 안 했을 때 잔소리하기도 좋습니다.

그런데 학생의 처지에서 보면 이건 장난이 아닙니다. 한두 번은 합니다. 몸에 익지 않으면 하는 것 자체가 일이라고 생각합니다. 대수롭지 않게 넘어가는데 걸릴 때는 변명도 못하게 걸립니다. 안 했을 때 잔소리 좀 듣고 하는 척하다 또 넘어가려 합니다.

나태함을 지도하는 방법은 아주 간단합니다. 지금 하게 만드는 겁니다. 바로 지금 움직이게 합니다. 이렇게 해야 마음속에 있는 나태함이 몸을 지배하지 않습니다. 나태함은 호시탐탐 아이를 유혹합니다.

'선생님이 없어. 부모님이 지켜보지 않아. 나중에 해도 괜찮아.'

아이의 마음속에 나태함은 늘 자리 잡고 있습니다. 그래서 그 간단한 책상과 사물함 정리를 지켜보지 않으면 하지 않으려고 합니다.

나태함에 대한 지도는 아이에게 하는 것이 아니란 걸 느낍니다. 나태함에 대한 지도는 교사, 어른 들이 모범을 보여야 그나마 조금이라도 지도의 효과가 있습니다. 책상, 사물함 정리 이상의 것을 늘 하는 어른이라도 이걸 한 번 생각해 주세요.

책상, 사물함 정리를 어른 버전으로 바꾸면 다이어트와 규칙적인 운동이라고 할 수 있습니다. 감이 오시나요?

하려고 마음먹기까지는 엄청난 고민을 하지만 안 하려는 핑계를 만드는 데는 1분도 걸리지 않는다는 사실을 알아야 합니다.

잔소리를 해도 해도 안 된다고 한탄할 필요 없습니다. 안 될 때는 안 됩니다. 먼저 모범을 보이세요. 아주 오랫동안 아이에게 뒷모습을 보이며 모범을 보인다면 따라 할지도 모릅니다. 그래 주기만 한다면 정말 고마운 일이구요.

책상, 사물함 정리와 다이어트를 위한 규칙적인 운동을 등치하세요. 아이를 보는 눈이 조금은 달라질지도 모릅니다.

이제 교사와 상담할 때 물어봐야 할 마지막 질문입니다.

"선생님, 우리 아이는 책상과 사물함 정리를 잘 하고 있나요?"

네 가지 질문으로 아이의 학교생활 엿보기
3분 동영상(에듀니티)

부모님께
드리고 싶은 열 가지
당부

●

아이를 잘 키우고 싶고 학교생활도 잘하도록 돕고 싶은 것이 부모 마음입니다. 하지만 부모 역할을 어떻게 해야 잘하는 건지는 고민됩니다. 어떻게 해야 할지 몰라서가 아닙니다.

3장은 부모님께 드리는 당부입니다.

교사와 부모는 아이에게 많은 영향을 주는 어른입니다. 교사가 아이에게 앞을 보여 주며 알려 주는 역할을 한다면, 부모는 아이에게 뒷모습을 통해 삶을 보여 주는 역할을 합니다. 아이에게 등 뒤를 보여 줘야 하는 부모가 꼭 알아야 할 열 가지 이야기입니다. 아이에 대한 것이지만 부모에 대한 것이 더 많습니다. 삶을 살아가는 이야기에 더 가깝습니다.

아이를 돌보려고
하지 마세요

고민하지 않고 걱정하지 않으며 상처받지 않는 부모는 없습니다. 저도 오랫동안 아이들을 가르쳤지만 갈수록 참 어렵습니다. 과거보다 현재가 더 어렵습니다.

그런데 아이들을 지도하는 것보다 부모를 대하는 것이 더 어려울 때가 많습니다.

"가능성이 보이면 참고 기다리겠지만 안 되고 못하는 것이 눈에 띈다. 믿어 보고 싶은데 아무리 봐도 믿을 구석이 잘 보이지 않아 더 미덥지 않다. 갈수록 부모 마음 같지 않아 걱정이다."

이런 부모와 대화하다 보면 어딘가 벽에 턱하니 막혀 있는 듯한 느낌이 듭니다.

그러나 말을 글로 옮겨 보면 별로 심각하지 않습니다.

'아이 돌보는 것에 시간이 많이 든다.'

'아이 돌보는 것이 어렵다.'

'아이가 성장하면서 챙겨야 할 것이 너무 많아 힘들다.'

'학년이 올라가고 사춘기가 되어 가니 더 대하기 어렵다.'

'공부를 어떻게 시켜야 할지, 진로를 어떻게 선택해야 할지 고민이다.'

부모는 물심양면으로 교사보다 아이에게 더 많은 관심과 기대와 투자를 합니다. 이것을 양육이라 합시다. 부모가 아이를 키우기 위해 노력하는 것을 폄하하지 않습니다. 그러나 부모가 아이를 지나치게 돌보려는 경향이 있을 때는 교사와의 동맹이 어려워집니다.

교실에서 있었던 일을 교사가 이야기하면 부모가 온전히 받아들이지 않는 것이죠.

"어떻게 해요. 어쩌면 좋지요? 선생님 어떻게 할까요?"

"뭐라구요? 우리 애가 그럴 리가 없어요. 집에서 저에게 이야기한 것과 다른데요. 선생님이 오해(민감)하신 것 아닌가요?"

교사가 부모에게 아이의 상황을 전할 때 전자의 반응이라면 별 문제 없습니다. 사실 별 문제 없는 경우가 대부분이고 경계성 상황*이나 주시할 상황 혹은 우려가 의심되는 상황이라도 향후 경향과 추세, 빈도와 강도를 보면 자정작용으로 없어지거나 자가 치유하는 경우가 대부분입니다. 대신 무관심한 듯 지켜보는 관찰은 꾸준하게 있어야 합니다.

그러나 후자인 경우는 상황이 달라집니다. 저도 후자의 반응을 보

* 문제 상황이라고 여기기엔 강도가 낮지만 부정적인 행동이 지속적으로 나타나거나 강도가 높아지는 상황을 말합니다.

이는 부모를 보면 당황스럽습니다. 아이의 현재 상황을 이야기해 준 것임에도 불구하고 양육 태도를 문제 삼은 것으로 인식하여 감정이 상해 버립니다.

부모가 감정이 상하면 교사에게 변명을 하거나, 부정하면서 교사의 지도 잘못을 찾으려고 합니다. 이러면 교사도 감정이 상해 상담 자체가 안 됩니다. 이렇게 감정이 상하는 부모의 상당수는 자신이 아이를 기르는 데 많은 노력을 기울이고 있는데 교사가 인정해 주지 않음을 서운해 합니다.

자, 조금 솔직해져 봅시다.

아이가 학교에 들어오고 나면 부모가 물리적으로 돌봐야 하는 것이 점점 줄어듭니다. 배변 훈련을 마친 아이, 보통의 식단을 소화할 수 있는 아이, 잘 놀고 잘 잘 수 있는 아이, 호기심과 집중력을 가진 아이 등. 이런 아이들은 학교생활을 잘하고 부모도 해야 할 일들이 점점 줄어드는 것이 정상입니다.

'아이가 성장하면 챙겨야 할 것과 신경 써야 할 것이 얼마나 많은데 부모가 할 일이 줄어든단 말인가.'

이렇게 생각하고 계신다면 단호히 말씀드립니다.

"아이는 성장하면서 성장에 필요한 것을 자기가 선택하고 결정하도록 해야 합니다."

"아이가 성장하는 것만큼 부모도 함께 성장해야 합니다."

"부모가 많이 관여할수록, 부모의 영향력이 클수록 아이의 성장이 더딥니다."

세 번째 이야기에서 뭔가 걸릴 수 있습니다. 부모가 신경을 많이 써서 실제 결과도 잘 나오는 아이가 있거든요. 적어도 초등학교에서 나오는 결과라면 두 가지를 염두해 둬야 합니다.

첫 번째는 아이가 조금만 잘해도 학교에서는 매우 잘하는 것처럼 보일 가능성이 높습니다. 대표적인 것이 영재교육입니다. 초등 영재교육은 가능성과 기회를 많이 주는 방향으로 가고 있기 때문에 가능성에 현혹(?)되는 경우도 많습니다.

두 번째는 도움받아서 나온 결과물은 아이의 진짜 능력치가 아닐 수 있습니다. 실력의 어느 영역까지는 갖춰진 틀 안에서 체계화될 수 있지만 진짜 실력은 틀이 없거나 형식이 완성되지 않는 영역에서 나옵니다. 영화 감상평을 적어도 백지 한 장에 줄거리 요약, 인상적인 장면, 만약 나라면…… 등을 기술하는 것이 잘 짜여진 감상평입니다. 이는 학습지를 해결하는 것보다 더 좋은 능력입니다.

잘 짜여진 무언가를 연습하고 온 아이들은 그것이 자신의 실력이라 생각하고 부모도 그렇게 여깁니다. 그러나 대부분은 비정형화된 것에서 결판이 납니다.

열 살 무렵의 이 아이들은 한 달 한 달이 다르게 변합니다. 몸이 변하는 것과 더불어 마음도 변할 준비가 됩니다. 부모가 해 주는 것에서 아이 스스로 선택하고 책임지는 시도를 해 보는 시기입니다. 부모로부터 벗어나 자유로워지려 합니다. 처음엔 눈치 보면서 점점 행동의 범위를 넓혀 나갑니다. 문자로 공부하는 것이 아니라 몸으로 공부하는 아이들은 어느 순간에 쑥 익히고 다시 문자로 돌아가 스스로 몰입합니다.

시시각각 변하는 아이들을 보면서 과연 이 과정들을 부모는 다 알 수 있을까 하는 의문이 듭니다. 아마 저도 보고 느끼지 못했다면 몰랐을 겁니다.

이런 생각도 해 봅니다. 10년 넘게 아이에게 뭔가를 해 줬는데 어느 순간 할 일이 없어진다면 존재감이 사라지는 느낌이 들지 않을까?

그럴 수 있습니다. 실제 많은 부모들이 아이가 사춘기일 때 아이의 심리적 독립을 힘들어 하는 것을 무수히 봐 왔습니다. 그 기저에는 아이가 어느 순간 부모를 귀찮게 여긴다는 걸 알고 난 뒤 생기는 상실감도 존재합니다. 빈둥지증후군, 별것 아닙니다.

"아이가 학교에 간다는 건 부모에겐 여유가 생기는 겁니다."

"아이가 사춘기가 와서 독립하려고 하면 부모는 만세를 불러야 합니다."

"아이가 성장하는 만큼 부모도 함께 성장하세요."

"아이의 성장을 지켜볼 땐 적극적인 무관심과 애타는 인내심과 철저한 무대응이 필요합니다."

돌보려 하지 말고 함께 지내세요. 거기에 답이 있습니다.

＊ 자녀가 독립하여 집을 떠난 뒤에 부모나 양육자가 경험하는 슬픔, 외로움, 상실감 등을 말합니다.

옆집 엄마를
조심하세요

성공한 직업인으로 사는 것도 쉽지 않지만 그것보다 더 어려운 것이 바로 부모로 사는 것입니다. 특히 자녀교육은 정말 어렵습니다. 왜 어려울까요?

직업인으로서 해야 할 일과 기준, 역할분담, 성취기준은 분명합니다. 성공에 대한 성과도 눈에 보이고 보상도 확실합니다.

그런데 자녀교육은 역할분담, 성취기준이 불분명합니다. 거기다 잘하면 당연하고 못하면 손가락질 당하기 쉽고 도움받기도 어렵습니다. 아이를 잘 키워야 한다는 목표는 있는데 그 기준이 분명하지 않습니다.

그러니 부모가 되는 순간 자존감이 훅 떨어집니다. 아이를 잘 키우고 싶은 것은 모든 부모의 마음입니다.

"난 부모로서 잘해 왔어, 난 괜찮은 부모야."

부모는 자신에게 좀 더 긍정적이고 따뜻한 평가를 할 필요가 있습니다. 부모로서 느끼는 부담과 자책을 내려놓으세요. 대신 부모는 반드시 자신을 믿어야 합니다. 스스로 믿지 않으면 아이는 믿을 구석이 없어집니다.

그래도 믿지 못하겠다는 부모가 꼭 있습니다. 그러면 현실 속으로 다시 들어가 보겠습니다. 자신을 믿어 보자고 다짐하고 양육과 교육이라는 현실에 맞닿으면 세상은 온통 지뢰밭투성이이고 아이의 모든 걸 책임져야 한다는 불안과 강박에 시달리는 것은 순식간입니다.

그렇습니다. 부모는 아이에게 세상에 둘도 없는 지지자와 버팀목이면서 동시에 불안과 강박을 가진 존재라고 보면 됩니다.

이것을 인정하고 나면 무진장 속이 편해집니다. 주위를 둘러보면 정도의 차이가 나서 그렇지 수없이 많은 이런 부모를 볼 수 있으니까요. 이건 특별한 현상이 아닙니다.

그런데 부모는 아이에게 좋은 것만 보여 주는 천사의 모습으로 살기 어렵습니다. 천사의 얼굴이 사라지면 바로 헐크의 모습이 나타납니다. 그럼 그 헐크는 어떤 모습일까요? 불안하고 초조합니다. 기다리지 못하고 의심합니다. 조급하고 안달합니다. 화가 치밀어 오릅니다.

내 마음 같지 않은 배우자와 어찌해 볼 수 없는 세상과 사회가 불안과 초조의 원인입니다. 그중 가장 불안한 건 아이라고 생각합니다. 아이를 지키기 위해서, 잘되라고 부모는 헐크의 모습으로 변합니다. 아이를 잘 키우기 위해 어쩔 수 없다고 합니다. 하지만 여기에서 아이는 빼야 합니다.

이 무슨 아이러니란 말인가요? 분명 말 안 듣고, 애먹이고, 떼쓰고 거짓말하며 자기 멋대로 하려고 하는 아이의 잘못이 아니라니요? 이것 때문에 속상한데 그게 어찌 아이의 잘못이 아니란 말인가요? 아이가 부모의 속을 뒤집는 가장 큰 요소라 생각 들지만 조금만 비켜서서 생각하면 아이 책임이 아니란 걸 인정해야 합니다.

아이가 해야 할 것들의 기준은 누가 정해 준 것일까요? 아이가 성취해야 할 목록과 기준은 누가 정리해 준 것일까요? 아이 스스로 선택한 것 중 부모의 마음에 드는 것은 몇 개인가요?

의도하지 않아도 너무나 자연스럽게 부모의 기준대로 아이가 성취해야 한다고 여기고 있습니다. 그것이 잘 키우는 것이라 생각하는데 아이가 따라오지 못합니다. 아이를 닦달하다 보면 어느 순간 죄책감이 생깁니다. 분명 부모는 아이에게 못하는 것보다 잘하는 것이 더 많습니다. 하지만 그것만으로 부모는 누구로부터 인정받거나 보상받거나 위로받기 어렵습니다. 그래서 불안하고 초조합니다. 부모는 그런 불안과 초조를 누구와 함께 나눌까요?

바로 옆집 부모입니다. 옆집 부모는 물리적 옆집만이 아닙니다. 직장 동료, 친척, 선후배, 친구, 동기 들도 다 옆집에 해당합니다. 아이를 키우는 동안 서로 의지하고 도움받고 정보도 교환합니다.

참 좋은 구조입니다. 서로 비슷한 또래의 아이가 있거나, 평소 친하게 지내던 사이라면 생활 전반에 대한 정보도 얻고 무엇보다 불안하고 초조한 마음을 달래기도 좋습니다. 그러나 부모는 항상 천사와 헐크가 상존하고 기쁨과 불안이 맞물려 돌아가는 불안전한 존재라는 것을 잊으면 안 됩니다.

다시 옆집 부모를 봅시다. 겉으로 보기에 불안해 보이는 부모가 있나요? 그들은 아이의 부정적 행동보다 긍정적 행동, 아이의 실패보다 성공을 자랑합니다.

하지만 아이는 실패의 과정을 어떻게 극복하느냐에 따라 성장과정이 달라집니다. 안정된 자존감과 자기인식, 타인에 대한 공감력과 도덕성이 학습에도 지대한 영향을 미칩니다.

그런데 아이의 행동과 사고, 성장과정을 오로지 옆집 부모가 말해 주는 옆집 아이의 모습을 통해 보고 있습니다. 옆집 부모는 자신의 불안을 감추고자 자기 아이의 성취를 알리고 있는데도 말입니다.

문제는 그다음입니다.

"○○ 엄마, 아직도 □□ 안 해요? 어쩜 좋아. 요즘 그 나이에 □□ 안 하는 아이 없어요. 내가 ○○ 엄마를 위해 특별히 알려 주는 거야, 호호호."

자신의 불안을 해결하지 못한 채 타인의 불안을 간섭하고 가르칩니다.

간단히 생각해 봅시다. 삼성 휴대폰이 고장 나면 삼성서비스센터에 갑니다. 엘지 텔레비전이 고장 나면 엘지서비스센터에 연락합니다. 그런데 왜 아이 문제는 옆집에 의논하나요?

아이 문제는 교사에게 물어보면 됩니다. 그런데 왜 안 물어볼까요? 교사는 어렵고 옆집 부모는 쉽기 때문입니다. 교사는 두루뭉술하게 말해 주고 옆집 부모는 확실히 말해 주기 때문입니다.

그럼 교사가 교육의 전문가인가요, 옆집 부모가 교육의 전문가인가요? 당연히 교사가 교육의 전문가입니다.

아이를 학교에서 바라보고 있는 교사의 전문성을 인정해 주면 아이는 거기에 맞춰 갑니다. 흔들리는 부모보단 교사가 덜 흔들립니다. 불안한 부모보단 교사가 덜 불안해 합니다.

부모는 아이와 교감해야 합니다. 부모는 아이의 말을 들어야 합니다. 아이가 성장하면서 부모도 같이 성장한다는 느낌으로 아이를 존중해 줘야 합니다. 아이의 선택에 스스로 책임지고 자기 관리하도록 지켜봐 주고 기다려 주고 참는 것이 부모가 해야 할 기술입니다.

백 명의 아이가 있으면 백 개의 다른 기술이 존재하고 필요합니다. 그것이 아이를 위한 개별화 교육과 내 아이 바로 보기의 핵심입니다. 이럴 때 가장 큰 걸림돌은 바로 이제껏 도움받았던 옆집 부모입니다.

아이에 대한 궁금증이 있으면 아이에게 물어보고 더 궁금하면 담임에게 물어보면 됩니다.

죄책감을
버리세요

먼저 부끄러운 고백부터 하겠습니다. 이제 고3인 아들의 어릴 적 양육에 어떻게 참여했는지 기억이 없습니다. 교사로 발령이 나자마자 결혼했고 얼마 뒤 아들이 생겼습니다.

저는 교사 부임 후 6학년을 가장 많이 만났고 3, 4학년들도 만나고 있습니다. 20년간 초등교사를 했지만 유치원 시절 이하의 아이들이 어떤지도 잘 모르고 중학교 이상 성장하는 아이도 내 아이를 견주어 보며 짐작할 뿐 학교에서 어떤 사회화 과정을 겪는지 잘 모릅니다.

저는 남자교사입니다. 양육의 고통을 책과 타인의 이야기로 들었을 뿐 여성의 심리에 대해 여전히 잘 모릅니다. 그러기에 여성의 입장에서 일하는 엄마의 심정을 잘 이해하기 어렵다는 점을 먼저 밝힙니다. 대신 오랫동안 아이들을 관찰한 교사의 입장에서 아이에 대한 이야기를 해 보려고 합니다.

아이가 초등학교에 들어오면서 아이의 변화와 함께 부모가 겪는 네 가지 변화를 알려드리겠습니다.

첫째, 초등학교 들어오는 순간부터 부모가 할 일은 급격히 줄어듭니다.

이건 꼭 알려 주고 싶습니다. 아이가 어린이집이나 유치원에 들어가면서부터 물리적으로 부모가 해야 할 것들이 조금씩 줄어드는 것과 같은 이치입니다. 뭐 별다른 것은 아닙니다. 혼자 양말 신고, 옷 입고, 밥 먹고 챙기는 여러 가지 것들을 아이 스스로 해 나갑니다. 물론 안 챙기면 안 하는 아이도 있습니다. 아이는 스스로 하는 것을 처음부터 받아들이지 않습니다.

하지만 아이도 세상 돌아가는 것은 압니다.

"넌 왜 혼자 못해?"

집에선 부모가 해 주는 일이지만 교실에선 혼자 해야 할 때 안 하고 있으면 교사가 뭐라고 하기 전에 옆에 있는 다른 아이들이 먼저 이야기합니다.

아이는 스스로 하지 않으면 안 된다는 사실을 깨닫습니다. 혼나고 겁먹어서가 아닙니다. 학교에 오면 아이는 또래 아이들을 지켜보게 되고 그중 상당수가 자기는 도움받아 하는 것을 쓱쓱 혼자 하는 걸 보며 놀라워합니다.

아이는 눈으로 보고 몸으로 배워 갑니다. 그러곤 따라 합니다. 적어도 뒤처지고 싶지 않습니다. 해 보면 어렵지 않다는 사실도 깨우칩니다. 안 하면 자기만 손해란 사실도 배워 갑니다. 해 봤다는 자신감이 귀찮음보다 크다는 것을 알게 됩니다.

학교 오면서부터 일부러라도 부모는 아이에 대한 손을 점점 놓는 연습을 하는 것이 좋습니다. 그렇지 않으면 아이는 끝까지 부모의 도움을 받으려 할 것입니다.

부모는 죄책감을 가질 필요가 없습니다. 혼내기보다 격려와 지지만 해 주면 됩니다. 이건 별로 힘든 일이 아닙니다. 밝은 얼굴과 마음으로 지지해 주고 격려해 주면서 아이를 학교와 친구들에게 밀어보내면 됩니다. 부모 자신을 믿는 만큼 아이를 믿을 수 있습니다. 학교는 그리 위험하고 복잡한 곳이 아닙니다.

둘째, 10세 전후 아이는 급격히 사회화되고 성장하며 독립합니다.

초등학교 3, 4학년 이전까지 줄어들긴 하지만 다소간 부모의 도움이 필요합니다. 하지만 10세 무렵이면 확 바뀌면서 부모에 대한 의존도가 급격히 떨어집니다.

예를 들어 보겠습니다. 일기예보에도 없는 소나비가 떨어집니다. 우산을 준비해 오지 않은 아이가 대부분입니다. 오후 1시 무렵의 교문에는 오색 우산이 장관을 이룹니다. 아이는 그 오색 우산 속에 '엄마'가 있었으면 좋겠다고 생각합니다.

3, 4학년 교실에도 같은 장면이 벌어지는 것을 봅니다. 하지만 엄마랑 가는 것보다 친구들과 같이 가는 것을 더 즐깁니다. 낄낄거려 가며 빗물이 떨어져 옷이 좀 젖더라도 아이는 그걸 더 원합니다. 엄마와 노는 것보다 친구와 노는 것이 더 재미있습니다.

이때 엄마와 아빠 중 아이와 정서적 교류를 많이 한 쪽이 더 많은 공허감과 상실감을 느끼는데 보통은 엄마인 경우가 대부분입니다. 하지만 아직 부모가 눈치채지 못해 모를 수도 있습니다. 아직 아이는 집에서 어리광을 부리는 아이로 남는 것이 더 편하다는 것을 압니다. 하지만 이미 마음은 떠나는 연습을 하고 있습니다.

보통은 교감에 능한 엄마가 먼저 느낍니다. 아이가 부모의 품을 떠나려 한다는 걸 엄마가 먼저 눈치챕니다. 사실 아이는 엄마가 눈치채기 이전에 수없이 많은 신호를 보냈을지도 모릅니다.

셋째, 사춘기가 왔다면 만세를 불러도 됩니다.

초등 5~6학년부터 사춘기가 옵니다. 요즘은 그보다 더 빨리 오기도 합니다. 본격적으로 자신의 삶을 찾으려 합니다. 자기주장이 강해지고 간섭을 싫어하며 부모와의 관계도 소원해집니다. 캠핑으로 비유하면 잘 설명됩니다. 사춘기가 온 6학년 여자아이들은 부모와 캠핑 가는 것을 더 이상 좋아하지 않습니다. 하지만 가자고 하면 갑니다. 가고 싶어 가는 것이 아니라 부모의 뜻에 따라가 주는 겁니다.

가족 캠핑과 친구들과 시내 구경이 겹쳤다면 아이는 심각하게 고민합니다. 무게 중심이 친구들과 시내 구경에 옮겨 가 있기 때문에 오히려 부모에게 둘러댈 적당한 변명거리를 생각할지 모릅니다.

캠핑장에 따라가도 아이는 폰만 들여다보며 시간을 보내다 부모가 구워 주는 고기 몇 점 겨우 먹고 돌아올 겁니다.

이때 부모 상담을 해 보면 아이의 사춘기에 대한 걱정을 많이 합니다. 물론 공부에 대한 것이 대부분이지만 좀 더 들어가면 아이의 마음이 떠난 것에 대한 노여움과 그것으로 인한 슬픔이 느껴집니다. 아이에게 사춘기가 왔다는 것은 부모독립선언을 받은 것이나 같습니다. 이때는 부모도 아이에게 선언해야 합니다.

"사춘기가 온 것을 축하한다."

"어른으로서 인정해 주겠다."

"선택하고 책임지는 삶을 살도록 해라."

"엄마는 이제 널 돌보는 일에서 좀 자유로워지려 한다."

"엄마는 너를 키우면서 잠시 미뤄 두었던 것을 해야겠다."

"그렇다고 엄마가 널 사랑하지 않는 것이 아니니 걱정하진 마라. 넌 무엇과도 바꿀 수 없는 내 아들(딸)이다."

넷째, 직업에 대한 것을 배우면 일하는 엄마를 다시 봅니다.

직업은 4학년 때부터도 간간이 나오지만 5~6학년 진로지도와 함께 교과서에 수시로 나옵니다. 의도하지는 않았지만 아이는 이때 일하는 엄마에 대한 인식을 달리합니다.

'우리 엄마가 이런 존재였어.'

말하지 않아도 이런 느낌을 가지는 아이를 숱하게 봤습니다.

"우리 엄마도 이런 일을 하고 있어요."

발표를 하는 아이의 얼굴에 자긍심도 느껴집니다. 수업시간에 배운 직업이라는 사회적 역할과 집에서 보던 엄마의 역할을 등치해서 보는 단계가 옵니다. 단순하게 '간호사'로 알고 있던 우리 엄마의 직업이 어떤 역할을 하는지 수업시간에 배우면서 엄마에 대한 자부심이 높아집니다. 이때부턴 일하는 엄마의 존재 자체가 아이의 자부심을 높이는 단계가 됩니다.

길게 잡으면 양육의 어려움을 겪는 시기는 10년 정도 됩니다. 이 10년은 진짜 아이를 위해 써야 할 시간입니다. 초반엔 힘들지만 시간이 갈수록 좀 더 여유로워집니다.

초등학교 입학은 분수령이고 사춘기는 아이의 독립 시기이면서 부모의 독립 시기입니다. 물론 부모가 느끼는 심리적 갈등이나 어려움을 제거하고 실제 부모가 해야 할 역할과 일만 보자면 그렇습니다.

일과 육아를 병행한다는 것 자체는 엄청 어려운 일입니다. 그것을 부정하지 않습니다. 제도와 의식은 분명 바뀌어야 합니다. 저도 교사의 직분에서 바꿀 수 있는 것은 고치고 바꿀 것입니다. 우리 사회는 그렇게 변해 가야 하고 그렇게 될 것입니다. 그러나 부모가 과도한 의무감, 죄책감, 허탈한 심정을 가질 이유도 없고 그럴 필요도 없다는 걸 이야기하고 싶습니다. 조심스럽고도 조심스럽지만 꼭 알려주고 싶었습니다.

일하는 엄마의 죄책감을 버리세요. 아니 꼭 버려야 합니다.

아빠가 해야 할 일이 있습니다

아빠들을 학교에서 만나기는 그리 쉽지 않습니다. 학부모 회의나 상담에서도 거의 대부분 엄마가 옵니다. 물론 부부동반으로 오는 분도 계시고 요즘은 아빠가 상담에 오는 경우도 가끔 있지만 아직도 대세는 엄마입니다. 그중에서 몇 년 전 만났던 아빠의 이야기는 참 공감되어 옮겨 봅니다.

6학년 담임을 맡았던 어느 해 일입니다. 모범생 아이 아빠가 혼자 상담을 왔습니다. 모범생 아이는 학업 태도뿐 아니라 행실이나 대인 관계 그리고 의젓함까지 또래 아이들보다 성숙한 모습을 보였습니다. 그 아이를 보면서 그 집 부모는 아이를 어떻게 교육을 시켰나 궁금하던 차에 아빠가 온 것이죠.

아빠는 사업을 하고 있었고 매우 바빴지만 엄마가 담임을 꼭 만나보는 것이 좋겠다고 해서 왔다고 했습니다. 한눈에 봐도 사업가답게 비즈니스 예절이 몸에 밴 듯했습니다. 몇 마디 나눠 보니 담임에 대한 신뢰도 높고 무엇보다 자녀교육에 대해 아빠인 자신이 뭘 해야 할지 배우려는 자세가 돋보였습니다. 저 역시 부모로서 교사로서 이런 기회가 자주 오지 않는다는 걸 알고 아빠에게 제안을 했습니다.

"괜찮으시다면 제가 자주 연락드려도 될까요? 아이 이야기도 좋고 다른 이야기도 좋습니다. 여러 이야기를 함께 나눠 보고 싶은데요."

아빠는 흔쾌히 수락했고 부정기적으로 한 번씩 만나 술잔을 기울이기도 하고 차를 마시면서 이야기를 나눴습니다. 남자들끼리의 수다는 어색합니다. 그러나 서로를 경계하는 면이 줄어들면서 깊이 있는 이야기가 오갔습니다. 아빠에게서 아이의 어릴 적 이야기를 들을 수 있었습니다. 아빠는 그리 넉넉지 못한 환경에서 아내와 결혼하여 정말 열심히 사업해서 지금의 자리에 올라왔다고 했습니다. 겸손하게 말했지만 얼굴과 표정엔 자부심이 비쳤고 능히 그럴 만했습니다.

아빠로서 행동에 문제가 없는 것은 아니었습니다. 아빠는 밖에서 혼신을 다해 일을 하기 때문에 집에 오면 손 하나 까딱하지 않고 쉬어야 한다고 생각했습니다. 거기다 주위 사람들과 어울리고 놀기 좋아해서 항상 집에는 손님이 끊이질 않았고 아내는 그 뒷수발을 다 했습니다.

그러다 아이가 태어났고 엉금엉금 기어다닐 때쯤 되자 책임감이 몰려 오기 시작습니다. 사실 그때까지도 열심히 한다고 했지만 아이가 태어나면서부터 이 악물고 살아야겠다는 마음이 생겼습니다. 그건 더 열심히 사업해서 돈을 많이 버는 것이라 여겼습니다.

제가 듣기엔 아빠는 양육에 거의 참여한 것이 없어 보였습니다. 하지만 교실에서 관찰한 아이는 아빠에 대한 신뢰가 높았습니다. 이유를 찾아보니 엄마에게 있었습니다.

"결혼하면서부터 엄마가 해야 할 영역, 아빠가 지켜야 할 영역을 구분해서 제가 맡아 할 부분은 책임졌습니다. 남편에게 의존하거나 원망하지 않았어요."

이 부분은 2학기에 찾아온 엄마와의 상담을 통해 들은 내용입니다.

"아내는 처음엔 살림이나 요리를 잘 못했어요. 그런데 책도 보고 물어보고 연구하고 하면서 점점 잘해 가는 거예요. 그래서 저도 믿고 밖의 일에 매진했죠. 제가 사업이 잘되고 아이들이 잘 큰 건 순전히 아내 덕분이에요."

아빠의 얼굴엔 아내에 대한 믿음이 깊었습니다. 그렇다고 해도 엄마가 아빠에 대한 불만이 없진 않았을 것입니다. 넌지시 물어보니 대답을 해 줬습니다.

"왜 갈등이 없었겠어요. 제게 문제가 있다고 말해 주는 건 아내였어요. 사실 그전까진 저에게 무슨 문제가 있는지도 몰랐죠. 아이가 태어나고 아내가 힘든 것들을 이야기해 줬어요. 그리고 내가 무엇을 해야 하는지 직접 요구하더군요."

아빠의 말에 힌트가 있었습니다. 아내가 직접 아빠에게 요구하기까지 대화가 있었다는 것을 알았습니다. 보통은 상대에게 자신의 상황을 알아달라고 심리게임을 하는데 이 엄마는 직접 아빠에게 자신의 상황을 이야기하고 요구하는 편을 선택한 것입니다.

아이가 6학년이 되어 사춘기가 되자 한때 아빠와 아이 간의 갈등이 있었습니다. 아빠는 안 하던 간섭을 아이에게 하고, 아이는 안 받던 간섭을 받다 보니 아빠를 싫어하게 되었고 아빠와 아이가 서로 갈등하는 것을 보니 엄마는 속상했습니다. 사춘기의 갈등이 고조되고 폭발 일보 직전까지 갔습니다.

어느 날 가족회의를 통해 해결의 실마리를 찾았습니다. 그런데 어느 순간 아빠가 아빠의 괴로움을 이야기했습니다. 그러자 아이와 엄마도 차례로 자신의 괴로움을 털어놓았습니다. 아빠는 사회생활을 하면서 가족을 위해 돈을 벌기 위해 얼마나 힘든 일을 하는지 토로하고, 아이는 학교생활을 하면서 얼마나 힘든지 토로하고, 엄마는 집안일을 하면서 얼마나 힘든지 토로했습니다. 그때 아빠는 문득 깨달은 것이 있었습니다.

"아이와 엄마가 그렇게 힘든 삶을 산다는 것을 그때 처음 알았어요."

그 이후 아빠는 아이의 삶과 엄마의 삶에 대해 조금씩 이해하고 존중하는 마음을 가졌습니다.

아이는 음악가로 진로를 잡았습니다. 평소 작곡과 악기 연주를 좋아했는데 고등학교 가서는 음악을 전문적으로 공부하고 부모도 지원을 아끼지 않는다는 이야기를 훗날 들었습니다.

아빠도 엄마도 아이도 결국 자신의 입장에서 상대를 바라봅니다. 잘못된 것을 따지면 한도 끝도 없습니다. 자신 이외엔 모두 가해자입니다. 그래선 해결이 나지 않습니다.

아빠들은 뭘 잘 모릅니다. 특히 아이에게 어떻게 대해야 하는지 잘 모르는 아빠가 많습니다. 아빠가 알고 있는 아빠로서의 역할은 아빠가 어릴 때 봐 온 자기의 아빠 모습밖에 없습니다. 그런데 아빠의 아빠를 아빠는 싫어하는 경우가 더 많습니다.

어떻게 하는지 방법을 모르니 엄마에게 전가하는 경우도 많습니다. 갈등이 안 생길 수 없습니다. 모른다고 변명하려는 것이 아니라 배울 기회가 없어서 모를지도 모른다는 생각으로 알려 주고 가르쳐 줘야 합니다. 많은 아빠들은 의외로 알려 주고 가르쳐 주면 잘 따라 합니다.

대신 아빠도 해야 할 일이 있습니다. 솔직하게 모른다고 말하고 가족들에게 도움을 요청해야 합니다.

아빠가 도움을 요청하면 아내와 아이들은 오히려 잘 도와줄 겁니다.

교사와 부모가 서로 이해하지 않고서는 아이를 제대로 바라볼 수 없습니다. 엄마와 아빠가 서로 이해하지 않고서는 아이를 제대로 바라볼 수 없습니다. 아이를 제대로 바라볼 수 없으면 교육은 난망합니다.

각 가정이나 개인, 아빠와 엄마가, 교사와 부모가 어떻게 하라는 것보다 서로를 조금 더 이해할 수 있는 기회가 되었으면 합니다.

아빠에게 기회를 주고 믿어 주세요. 몰라서 못한 것일 뿐 알려 주고 배우면 더 잘할 수 있습니다.

아빠를 위한 변명을 대신해 봤습니다.

부모가 못했던 것은
아이도 못합니다

부모가 자식에게 좋은 환경을 물려 주고 싶고, 좋은 교육을 받게 해주고 싶은 것은 인지상정입니다. 이것을 부정하지 않습니다.

'자녀에게 좋은 것을 해 주는 것이 부모가 해야 할 일이다.'

'자녀에게 좋은 것을 해 주는 것이 부모의 사랑이다.'

얼핏 들으면 부모로서 참 잘하는 것 같습니다.

20년간 교실에서 아이들과 지내고 많은 아이와 부모를 만나면서 자녀에게 좋은 것을 해 주는 부모와 좋은 것을 받는 아이가 심각한 관계로 진행되는 것을 무수히 봐 왔습니다.

흔히들 사춘기라고 하면 아이들이 지나가는 길목, 방황, 교과서적인 표현으로 질풍노도의 시기라고 하지만 현장에서 아이들의 직접 겪고 있는 저는 분노에 찬 아이들의 차가운 마음이 고스란히 느껴집니다.

사춘기라고 하지만 아직 부모를 이길 힘이 없어 참고 있는 아이도 많습니다. 육체적인 힘이 아니라 부모의 말을 거역할 논리가 없는 아이들은 더욱더 분노가 깊어지고 그것은 자신에 대한 부정적 감정으로 남아 있다가 교실에서 다른 아이들에게 전가하면서 말썽으로 이어집니다. 아이의 이야기를 듣다 보면 직접적으로 말하지는 않아도 분노와 자책, 무력감이 느껴집니다.

'부모의 사랑을 받고 싶다.'

'부모의 믿음을 얻고 싶다.'

'부모의 간섭으로부터 벗어나고 싶다.'

아이의 처지에서 보면 참다참다 터진 것이 말썽입니다. 의외로 아이들이 가진 상처의 근원을 들여다보면 가족에게서 상처받은 아이들이 숱하게 나옵니다. 형제자매에게 빼앗긴 부모의 사랑으로 힘들어 하는 아이들이 많습니다. 부모가 미운데 밉다고, 싫다고 말조차 할 수 없는 아이도 있습니다.

부모가 싫고 밉지만 그런 생각과 말을 하면 자신의 존재가치가 없어질 거라고 두려워하는 아이들은 어떨 때는 소극적으로, 어떨 때는 욱하는 감정을 참지 못해 그나마 간섭 덜 받는 교실에서 불만의 감정을 쏟아 놓습니다. 그것도 자기와 비슷하면서도 자기보다 더 어려움을 겪는 아이에게 말입니다.

어느 날 아이는 감정이 폭발하고 어떤 형태로든 교실에서 문제 행동이 생겼을 때가 되어서야 비로소 부모는 학교에서 연락받고 놀란 가슴을 누르며 달려옵니다.

이런 일을 겪으면 거의 대부분의 부모는 아노미 상태에 빠지고 '내 아이가 그럴 리 없다', '내 아이의 잘못이 아닐 것이다', '뭔가 오해가 있을 것이다' 하고 생각합니다.

적어도 문제 행동의 이유가 '내 아이'에게 있지 않고 '부모 자신'에게도 있지 않다고 생각합니다. 아니 생각하고 싶지 않다는 것이 더 정확한 표현입니다.

대형사고가 발생하기 전 경미한 사고와 징후 들이 나타난다는 것을 밝혀낸 '하인리히의 법칙*'은 여기서도 정확히 적용됩니다.

특히 학교폭력 사안으로 접수되어 버릴 정도면 교사도 어찌할 수가 없습니다. 그래서 평소 아이의 상태와 마음을 엿볼 수 있는 담임교사, 특히 초등학교 담임교사의 역할과 비중이 그 어느 때보다 중요합니다. 그것도 4학년 이상 넘어가면 어렵습니다. 감정 표현이 잘 드러나는 저학년일수록 대처할 수 있는 방법도 상대적으로 수월하게 찾을 수 있습니다. 혹시 교사가 어떻게 부모보다 더 객관적으로 아이를 볼 수 있는가 하는 것에 의문을 가진 독자가 있다면 단호하게 말합니다.

부모가 평소에 볼 수 없는 아이의 사회성을 교실에서 교사는 매일 관찰합니다. 일대일의 관계가 아닌 일대 다수(교실의 학생수+교사)의 관계 속에 아이는 자신의 마음이 드러나게 되어 있습니다. 매번 다른

* 큰 사고는 우연히 또는 어느 순간 갑작스럽게 발생하는 것이 아니라 그 이전에 반드시 경미한 사고들이 반복되는 과정 끝에 발생한다는 것을 실증적으로 밝힌 것으로, 큰 사고가 일어나기 전 일정 기간 동안 여러 번의 경고성 징후와 전조 들이 있다는 사실을 입증하였습니다. 사소한 문제가 발생하였을 때 이를 면밀히 살펴 그 원인을 파악하고 잘못된 점을 시정하면 대형사고나 실패를 방지할 수 있지만, 징후가 있음에도 이를 무시하고 방치하면 돌이킬 수 없는 대형사고로 번질 수 있다는 것을 경고합니다.(두산백과 참조)

사람들과 관계 맺고 무언가를 해야 하기 때문에 아이 내면에 숨겨진 감정은 어떤 형태로든 고스란히 드러납니다.

아이가 학교에 오면서 가지는 능력치와 적응력의 핵심은 자존감 인데 이것은 부모와의 상호작용에 의해 거의 많은 부분 만들어집니다. 부모가 의도하든 의도하지 않든 아이에게 부모의 모습은 보이게 되어 있습니다. 마치 빔프로젝터의 비춰지는 화면과 같습니다. 부모가 빔프로젝터라면 아이는 스크린에 비치는 화면입니다. 본질은 빔프로젝터에서 나옵니다. 부모의 언행은 아이에게 전수됩니다.

최소한 만 10세 이전까지는 교사와의 상호작용보다 부모와의 관계가 아이에겐 더 많은 영향을 미치는데, 초등 4학년 때 아이가 확변하는 이유가 여기에 있습니다.

부모가 아이에게 대화로 부모의 의사를 전달하는 경우를 생각해봅시다.

"영어는 꼭 해야 한다."

"○○학원은 꼭 다녀야 한다."

"네가 최소한 ○○은 해야 한다."

부모의 이런 말은 협상의 대상이 아니란 걸 아이도 압니다. 협상의 대상이 되지 않기 때문에 직접 반항할 수 없습니다. 거기다 부모는 아이가 반항할 수 없는 논리를 가지고 있습니다.

"다 너를 위한 거다."

"네가 공부하는 것이 부모를 도와주는 거다."

"넌 공부만 하면 된다."

물론 아이가 원하고 아이가 잘할 때는 크게 문제되지 않습니다. 문제는 아이가 공부를 거부할 때 나타납니다. 이유는 여러 가지가 있지만 가장 대표적인 것이 공부에 흥미가 없거나 공부에 한계가 온 상황입니다. 자발적인 공부가 아닐 때 더 빨리 나타납니다.

여기서부터 부모와 아이의 관계 설정을 다시 시작하는 것이 좋습니다. 그렇다면 부모는 아무것도 시키지 말아야 하냐고 묻는다면 차라리 아무것도 시키지 말라고 하고 싶습니다. 가장 좋은 교수 전략은 아이에게 맞는 개별화된 학습전략을 찾는 것입니다. 그래서 이것저것 해 보고 맞는 것을 찾는 것이죠. 하지만 이것은 쉽지 않습니다. 못 믿겠으면 이 글을 읽고 있는 부모 자신부터 돌아봐야 합니다.

지금 자신에게 맞는 인생의 학습법을 찾았습니까? 공부는 둘째치고 세상을 살아가는 생존 전략은 갖고 있습니까?

개별화된 학습전략을 찾는다는 건 평생 해야 할 일입니다. 어제까지 맞았다가 오늘 안 맞으면 새로 찾아야 합니다.

그렇다면 두 번째 좋은 교수 전략은 확실합니다. 가장 좋은 방법이 나올 때까지 안 하는 겁니다. 부모가 가르치는 전략을 고민하다 보니 남들이 하는 방법을 따라 하는 겁니다. 분명 부모 대신 전문가인 교사가 가르치고 있는데 부모가 교사의 역할을 대신하려다가 이런 사단이 납니다.

그럼 부모는 왜 교사의 역할을 대신해서 아이에게 뭔가를 해 주려고 할까요? 앞에서도 말했지만 여기에는 자식에 대한 선의가 깔려 있습니다.

'부모라면 당연히 해야 한다.'

'다른 부모들도 이만큼은 한다.'

이것보다 더 위험한 생각은 다음과 같습니다.

'부모라면 당연히 해야 한다.' → '이렇게 하지 않으면 다른 사람들이 욕할 것이다.'

'다른 부모들도 이만큼은 한다.' → '내가 절대 많이 시키는 것 아니다.'

'고로 나는 부모로서 할 일을 하는 것이고 내 행동이 정당하다.'

이런 논리적 결론에 도달하면 정말 답이 없습니다.

한번 거꾸로 생각해 봅시다.

당신은 한 번도 토끼나 염소 등을 키워 본 적이 없고 농촌에서 자라본 적도 없는 도시인입니다. 그런데 여행 중에 조난을 당해 혼자 절해고도에 갇혔습니다. 다행히 토끼와 염소는 있습니다. 살기 위해선 이들을 키워야 합니다. 그런데 토끼와 염소가 어떤 것을 좋아하는지, 어떤 것을 먹는지, 어떻게 키워야 하는지 아무것도 모릅니다. 일단 먹이를 먹여야 하니 이것저것 풀을 뜯어서 가져와 먹여 봅니다. 그도 저도 아니면 토끼와 염소를 들판에 풀고 무얼 먹는지 지켜봐야 합니다. 먹는 것을 유심히 봤다가 구해서 먹이면 됩니다. 독이 있는 풀은 안 먹고, 억센 풀도 안 먹을 겁니다. 염소는 먹는데 토끼는 안 먹는 풀도 있을 겁니다. 당신은 졸지에 로빈슨 크루소가 되었지만 다행히 토끼와 염소를 잘 키워 살 수 있습니다.

이걸 자녀교육에 대입해 봅시다.

당신은 한 번도 아이를 키워 본 적이 없는 상태에서 졸지에 부모가 되었습니다. 토끼와 염소와 달리 아이는 부모를 절대적으로 의존하기에 주면 주는 대로 먹으려고 합니다. 물론 먹을 것과 같은 형이하학적인 것은 뱉어 낼 수도 있지만 공부라고 하는 형이상학적인 것은 뱉어 낼 수 없습니다. 왜냐? 하늘 같은 부모가 원하니까요. 사랑하는 부모가 원하니까요. 아이는 부모의 사랑을 받아야 하고 부모의 눈에 벗어나는 건 죽음을 뜻하니 악착같이 부모가 원하는 걸 하려고 합니다.

아이의 처지에서 봅시다. 공부라는 먹이를 받았는데 어느 순간 몸에 맞지 않습니다. 다른 아이는 공부를 잘 받아먹는데 나는 소화가 안 됩니다. 공부라는 먹이는 뱉어 내면 혼나고 안 먹어도 혼납니다.

열 가지 정도의 공부 먹이가 있다고 봅시다. 사실 이것보다 공부 먹이는 더 많습니다. 이것 중 무언가를 먹였는데 아이에게도 잘 맞고 아이도 좋아해서 정말 쑥쑥 잘 크는 경우가 없지는 않습니다.

그런데 이것이 쉬울까요? 로또보다는 좀 쉬울 수 있지만 결코 쉽지 않습니다. 소가 뒷발로 쥐를 잡을 가능성과 같은 확률입니다.

공부의 가능성을 인정하지 않는 비관적인 이야기라고 생각하지 마세요. 토끼와 염소가 스스로 먹이를 먹어야 그것이 진짜 먹이가 되듯 아이 스스로 하지 않는 공부는 독과 같습니다. 아이의 심리를 누구보다 많이 읽어 본 저도 시시각각 변해 가는 아이들의 마음을 좇아가지 못합니다. 안전 구역만 치고 그 안에서 지지고 볶고 하는 수많은 실수와 실패를 아이들이 하도록 내버려 둘 뿐입니다.

그러다 감정 해소 다 하고 다 놀고 나면 가끔 공부란 걸 합니다. 물 들어왔을 때 노 젓는다는 기분으로, 미끼를 물었을 때 낚싯대를 챈다는 기분으로 그 순간을 포착해서 확 당깁니다.

이것이 교사의 전문적 지도 노하우입니다. 이걸 부모가 할 수 있다고 하면 지금 당장 교사 해도 됩니다.

부모는 지금 아이에게 시키는 것을 뒤돌아봐야 합니다. 많이 안 시킨다고 생각하지 마세요. 이상한 부모로 엮는다고 억울해 하지 마세요. 부모는 아이의 성장에 마이너스가 될 수 있다고 생각해야 비로소 아이에게 긍정적으로 접근할 수 있습니다.

부모가 아이에게 시키는 것 중에 부모 자신이 어릴 때 못했던 것에 대한 것이 없는지 살펴봐야 합니다. 부모 자신의 욕구를 아이를 통해 대리 만족하려는 것이 없는지 살펴봐야 합니다.

'혹여 내가 불필요하게 나의 욕심을 아이에게 전하는 것은 아닌가?'

'아이의 삶을 내가 설계하려고 하는 것은 아닌가?'

'내가 저지른 어릴 적 실수를 아이도 저지를까 봐 두려운 것은 아닌가?'

부모가 어려서 못하고 부족했던 것을 내 아이에게 바라지 마세요.

쿨하지 마세요

"자신의 잘못을 '쿨하게' 인정한다."

"타인의 잘못을 '쿨하게' 덮어 준다."

이때의 쿨함은 좋은 뜻입니다. 사회생활에서의 '쿨함'이란 이렇듯 자신과 타인의 잘못을 너그럽게 받아들이는 대인배의 자세입니다. 그런데 교실에서 벌어지는 아이의 상황을 부모에게 전하다 보면 '쿨함'이 이상하게 쓰이는 경우가 있습니다.

◆ 사례 1 ◆

4학년 수경이는 수학시간만 되면 힘들어 한다. 기초학력 부족은 아니나 경계선에서 맴돈다. 남들은 한 시간이면 할 것을 두세 시간 걸리기 일쑤다. 이렇다 보니 수학이 재미없다. 담임이 보니 수학 공부를 안 하는 것이 아니라 학원이며 학습지를 하기는 하는데 포인트가 안 맞다.

부모에게 전화해서 도움을 요청한다.

"제가 보니 익힘책을 한 번 더 푸는 것이 좋겠습니다. 여분을 챙겨 보낼 테니 수업시간에 배운 것을 다시 풀어 볼 수 있도록 옆에서 도움을 주시는 것이 좋겠습니다."

한 달쯤 지나서 부모를 만났다. 수경이의 수학 공부에 대해 이야기를 나누다 보니 공부방 교사에게 떠넘긴 것이 보인다. 오히려 학원 이외에 공부방이 더 늘었다. 완곡하게 문제를 알려 준다. 듣고 있던 수경이 부모는 이렇게 말한다.

"수학 좀 못한다고 우리 수경이를 너무 낮게 평가하시는 거 아니에요? 제 아이는 제가 잘 압니다."

도대체 뭘 아는지 모르겠다. 정말 필요한 것을 제시했는데 엉뚱한 것을 시키는 수경이 부모를 보며 가슴이 답답해진다.

◆ 사례 2 ◆

6학년 수영이는 교우관계에 문제가 생겼다. 집착이 심하다. 다른 아이들이 자기와 멀어지는 것을 용납할 수 없고 거기다 뭐가 됐든 남들보다 더 잘해야 한다. 공부도 곧잘 했는데 점점 수업 태도도 나빠지고 예전보다 못하다. 그래서 그런지 짜증이 늘었다. 뭔지 모르지만 압박과 스트레스가 있는데 원인을 못 찾겠다. 부모를 만나 이런 수영이의 사정을 이야기한다. 그런데 이야기가 겉돈다.

교사는 수영이의 교우관계와 생활 태도를 설명하기 위해 수업시간의 예를 든 것인데, 부모는 수업 특히 성적이 떨어진 것에 민감하게 반응한다.

"성적이 현격히 떨어진 건 아니니 걱정 마세요. 다만 관계 형성에 문제가 생기면 주의 깊게 관찰해야 합니다. 특히 스트레스를 어디에서 받는지 유심히 관찰해서 대해야 합니다."

부모는 대수롭지 않게 여긴다.

"사춘기 아이들이 다 그렇지 않아요, 선생님? 호호호. 우리 수영이는 제가 잘 알아요. 영재반 수학을 시작하면서 좀 예민해졌을 뿐이에요."

이미 알고 있다는 부모의 말에 더 이상 이야기해도 통하지 않을 거란 생각이 들어 나도 모르게 한숨이 나온다. 영재반이 문제가 아니라 태도가 문제인데 말이다.

나이와 학년이 어릴수록 감정과 태도에 대한 자기 조절력과 결정력을 기르는 데 세심한 관리와 기회 그리고 노력이 필요합니다. 이건 공부와도 밀접한 관계가 있고 무엇보다 안정된 감정조절과 자기관리력은 사회성 형성에 지대한 영향을 줍니다. 물론 대부분의 부모는 이 정도는 아니어도 태도와 관계 형성이 중요하다고 알고 있습니다. 문제는 중학년 이상 고학년이 되면 태도보다 성적에 더 민감한 반응을 보인다는 점입니다. 공부가 안 되어서 성적이 안 오르는 경우도 있지만 태도의 불안정으로 인해 성취가 안 되는 경우가 더 많습니다. 태도가 이뤄진 상태에서 공부의 성취를 따져야 함에도 불구하고 성적에만 집착하는 많은 부모들이 있습니다.

자신은 성적에 집착하지 않는다고 하면서도 아이가 싫어하는데 학원을 보내면서 그 해악을 보지 않으려는 부모도 많습니다. 물론 맞벌이나 돌봄 부족으로 인해 어쩔 수 없는 선택을 하는 경우도 있습니다. 이런 경우라도 최소한 아이에게 양해는 구해야 하고 하기 싫으면 그만둘 선택권을 줘야 하며 돌봄이 목적임을 사교육기관에 충분히 알려 스트레스를 최소화하려는 노력이 필요합니다. 이 정도 노력하는 부모라면 아이도 받아들입니다.

이것과는 다른 형태의 '쿨함'도 있습니다. 저학년 때 기초적인 학습력을 짚어 줘야 합니다. 한글 읽기와 쓰기, 숫자 세기와 더하기 빼기 또는 구구단 같은 아주 기초적인 것들이죠. 한글은 1학년에서 강화되어 수업하고 있지만 부모와 함께 책을 읽는 활동이나 시내에 간판을 읽어 보는 놀이 등은 기초 학습력의 기반이 됩니다.

학교에서 다소 더딘 성취를 보인다고 해도 부모가 조금만 조력하면 금세 좋아집니다. 조력이라 쓰고 관심이라 부르는 것이 옳습니다. 공부하는 아이의 옆에서 지켜보기만 해도 좋습니다. 같이 교과서를 읽어 보는 것도 훌륭합니다. 직접 공부를 가르치라는 것이 아닙니다. 아이가 무엇을 배우는지 지켜보는 것만으로도 아이는 부모의 관심을 사랑이라 느낍니다.

"전 제 아이가 공부를 잘하지 못해도 크게 걱정하지 않습니다."

이 말은 그냥 들으면 참 자율적이고 민주적인 사고를 가진 부모란 생각을 할 수 있습니다. 특히 공교육과 학교에 대한 비판적인 시각을 가지고 있거나 부모 자신의 학창시절 학교에 대한 안 좋은 기억이 있으면 더합니다. 부모의 사적인 교육관에 대해 왈가왈부할 생각은 없습니다. 그러나 기초 학습력에 대해서는 저도 물러서지 않습니다. 말하고, 듣고, 읽고, 쓰고, 셈하는 것과 같은 기초 학습력의 기반이 없는 아이는 학교생활이 너무 힘들고 어렵습니다.

자율과 방임은 종이 한 장 차이입니다. 그 한 장의 차이를 볼 수 있는 몇 안 되는 사람 중에 하나가 바로 담임교사입니다.

아주 기본적인 학습에 대한 교사의 요구에 '쿨함'은 매우 곤란합니다. 거기다 이런 말까지 하는 부모라면 정말 답이 없습니다.

"선생님이 결혼을 해 보지 않아서 모르시나 본데……."

"선생님이 경력이 별로 안 돼서 모르시나 본데……."

"선생님이 아이를 낳아 보지 않아서 모르시나 본데……."

"선생님 아이가 아직 어려서 모르시나 본데……."

'쿨함'과 '모르시나 본데'를 담임교사에게 함부로 쓰시면 안 됩니다. 이런 표현을 쓰는 순간 교사는 더 이상 아이를 관찰하며 획득한 고급 정보를 부모에게 주지 않습니다. 그런데 요즘은 이런 '쿨함'과 '모르시나 본데'를 쓰는 부모가 점점 많아져 갑니다. 그래서 마음이 무겁습니다.

사랑한다는 말에 담긴
의미를 생각합니다

"아이를 사랑하시나요?"

부모와 상담을 하다 보면 어느 순간 상담의 방향이 아이가 아닌 부모에게 향할 때가 있습니다. 제가 보기에 아이는 학교생활을 잘 적응해 간다고 보는데 부모가 불안해 하는 경우가 있습니다. 그러면 한방에 훅 들어갑니다. 이럴 때 부모는 부드러운 미소를 띠며 아이를 사랑한다고 이야기합니다. 이때 저는 좀 더 들어갑니다.

"아이를 믿으시나요?"

이번에는 좀 당혹스러워 하면서 간혹 이런 말도 합니다.

"아이가 믿을 짓을 해야 믿지요."

믿을 짓을 해야 믿는 것은 거래입니다. 그런데 반대로 아이를 믿는다고 말하는 부모가 있으면 다시 더 들어갑니다.

"무조건 믿으시나요? 조건 없이 믿으시나요?"

그게 그거 아니냐고 어리둥절해 하는 부모를 위해 예화를 하나 들려줍니다.

"꿈에 신이 나타나 아이의 30년 후 미래 모습을 보여 줍니다. 너는 부모 역할을 잘해 너의 아이는 미래에 훌륭한 사람으로 성장할 것이니 자랄 때 속상한 일이 있더라도 참고 지내거라. 신이 내린 계시를 듣고 아침에 눈을 떴다고 생각해 봅시다. 너무나 생생해서 꿈이 아니라 생시라고 여길 정도지요. 그런데 그날 공부 안 하고 학원 빼먹는 아이를 보면 무슨 생각이 드시나요?"

무조건 믿는다는 건 잘될 거라고 확신하며 믿는 것입니다. 조건 없이 믿는다는 건 아이가 부모가 원하는 만큼 성장하지 않더라도 존재하는 그 자체를 믿어 주는 것입니다.

이 세상에 내 아이를 조건 없이 믿어 줄 수 있는 유일한 존재는 부모뿐입니다. 이것이 부모가 아이에게 줄 수 있는 최고의 사랑입니다.

이젠 아이의 처지에서 부모의 사랑을 말해 보겠습니다.

5월 가정의 달이 되면 부모님께 편지 쓰기를 합니다. 부모에게 많은 사랑을 받은 아이는 '부모님 감사합니다'란 말을 많이 쓰고 부모의 사랑을 많이 못 받은 아이는 '부모님 죄송합니다'란 말을 많이 씁니다. 아이를 싫어하고 미워하는 부모는 없습니다. 그런데 왜 많은 아이들은 그런 부모에게 죄책감을 느낄까요?

부모는 아이를 사랑한다고 합니다. 맞습니다. 이것을 부정하지 않습니다. 아이는 매번 이 말을 들었습니다. 사춘기 초입에 선 아이들은 이 말을 듣고 부모의 사랑을 느끼지 못합니다. 아이는 부모가 진정으로 자신을 믿어 줄 때 사랑한다고 느낍니다. 그 이면에 있는 부모의 불안과 욕망을 알고 있으니까요. 부모가 말하는 사랑에 부모의 불안과 욕망이 섞여 있단 사실을 안 아이는 그걸 충족시켜 주지 못할 때 죄책감이 듭니다.

정녕 부모가 아이를 사랑한다면 사랑한다는 말을 다른 말로 바꾸어 해 보세요.

"엄마(아빠)는 널 믿는단다."

"네가 어떤 선택을 하든 널 믿는단다."

"힘들고 지치고 실패하면 집에 와서 쉬렴. 언제든 널 위로해 주고 반겨 줄 거야."

무조건 믿는다고 말하고 조건 없이 아이를 믿어 주세요. 믿음을 몸으로 표현하는 연습을 해야 합니다. 아이의 곁에서 기다려 주세요. 다가와 말을 할 때까지 기다려 주세요. 고민을 털어놓을 때까지 기다려 주세요. 그리고 들어주세요. 무슨 말을 하든 들어주세요. 해결하려 하지 말고 기분을 물어 주세요. 듣고 나면 참으세요. 하고 싶은 말이 목에 차올라도 참으세요. 이것을 무한 반복하는 것이 자녀에 대한 사랑을 표현하는 방법입니다.

아이를 기르면서 조심해야 할 것이 있습니다. 부모의 불안을 건드려 이익을 얻으려는 사람들이 너무 많습니다. 부모의 욕망을 자극해 이익을 얻으려는 사람들은 더 많습니다. 그들은 불안을 건드려 위로해 줍니다. 하지만 다시 불안을 증폭시켜 부모를 잠재적 죄인으로 몰고 가 그럴싸한 교육 방법이나 솔루션을 제공합니다. 불안을 위로해 주는 척하면서 욕망을 건드립니다.

들어 보면 눈에 보이는 간단한 교육 방법을 제공합니다. 미처 생각하지 못했거나 최신 트렌드라고 하면 더 마음이 끌립니다. 비용이 다소 비싸지만 아이를 사랑하는 마음에 큰마음 먹고 투자합니다. 돈으로 바꾸어 투자하면 사랑과 믿음을 남들에게 증명해 보이기에도 좋습니다

아이를 교육을 하는 데 비용이 많이 든다면 이 자체를 의심해야 합니다.

"아이 잘 키우려 하지 말고 부모 자신이 잘사는 길을 찾아야 합니다."

이것이 부모교육의 핵심입니다. 아이 잘 키우는 방법을 찾으려는 부모에게 아이가 아닌 부모가 잘사는 길을 찾아야 한다고 말한다면 잘 받아들일까요? 이것을 받아들일 수 있어야 좋은 부모의 초입에 들어섭니다.

아이를 사랑하지 않는 부모는 없습니다. 최소한 나쁜 부모는 되지 않으려 합니다. 아이를 믿지 않는 부모는 없습니다. 대신 그 믿음이 부족할 뿐입니다.

나쁜 부모가 되지 않으려는 마음을 모아 보면 이렇습니다.

나쁜 행동이나 나쁜 말을 하지 않는 것이 나쁜 부모가 되지 않는 길입니다.

나쁜 행동이나 나쁜 말을 하지 않는 것은 곧 자기 수행이자 수련입니다.

나쁜 부모가 되지 않기 위해 언행을 조심해야 합니다.

언행을 조심하다 보면 확실하지 않은 것은 시키지 않습니다.

언행을 조심하다 보면 관찰을 오래합니다.

언행을 조심하다 보면 뭐가 언제 필요한지 보입니다.

언행을 조심하다 보면 조언해 주는 전문가와 아첨하는 전문가가 구분됩니다.

언행을 조심하다 보면 아이가 변하는 것이 보입니다.

언행을 조심하다 보면 아이가 변할 때 부모에게 조언을 구합니다.

언행을 조심하다 보면 조언을 구하는 아이에게 먼저 의견을 구합니다.

언행을 조심하다 보면 아이는 부모를 믿습니다.

그것이 모이면 아이를 사랑하는 부모가 됩니다.

아이를 믿지 못하는 부모는 아이에 대한 믿음이 부족하다고 합니다.

아이를 믿지 못하는 부모는 아이가 예측할 수 없다고 합니다.

아이를 믿지 못하는 부모는 아이의 의지가 부족하다고 합니다.

아이를 믿지 못하는 부모는 아이가 실패하는 것을 보고 있지 못합니다.

아이를 믿지 못하는 부모는 아이의 능력이 부족하다고 합니다.

아이를 믿지 못하는 부모는 아이가 나쁜 아이들의 꾐에 잘 빠진다고 말합니다.

아이를 믿지 못하는 부모는 아이가 나쁜 아이를 사귀어서 나빠졌다고 말합니다.

위의 '아이'를 모두 '자신'으로 바꾸고 다시 읽어 봅시다.

자신을 믿지 못하는 부모는 자신에 대한 믿음이 부족한 것입니다.
자신을 믿지 못하는 부모는 자신을 예측할 수 없는 것입니다.
자신을 믿지 못하는 부모는 자신의 의지가 부족한 것입니다.
자신을 믿지 못하는 부모는 자신이 실패하는 것이 싫습니다.
자신을 믿지 못하는 부모는 자신의 능력이 부족합니다.
자신을 믿지 못하는 부모는 나쁜 사람들의 꾐에 잘 빠집니다.
자신을 믿지 못하는 부모는 나쁜 사람을 사귀어서 나빠집니다.

아이의 능력을 믿지 못하는 부모는 아이 탓을 하지만 결국 문제는 자신에게 있습니다.

아이를 믿지 못하는 부모는 자신을 믿지 못합니다.

자신을 믿지 못하는 부모는 자신을 사랑하지 않는 것입니다.

자신을 사랑하지 않는 부모는 아이를 사랑하지 않는 것입니다.

아이를 사랑하지 않으면서 아이를 사랑하지 않으면 안 되기 때문에 아이를 사랑하는 척합니다.

아이를 사랑한다고 하기 전에 자신의 언행을 되돌아봐야 합니다.

아이를 믿는다고 하는 만큼 자신을 되돌아보고 믿음의 힘을 찾아야 합니다.

아이를 사랑한다고 말하는 것은 부모 자신의 언행을 되돌아보는 행위여야 합니다.

적극적인 무관심과 애타는 인내심을 연습해야 합니다

부모도 불완전한 존재이지만 아이는 더 예측 불가한 존재입니다. 아이가 성장한다는 사실은 알고 있지만 어떻게 성장할지 모르기 때문에 더 불안합니다.

불안은 걱정을 잉태합니다. 불안과 걱정이 꼭 나쁜 것만은 아닙니다. 불안하고 걱정되기 때문에 준비를 합니다. 이런 준비 덕분에 예상치 못한 일이 벌어졌을 때 당황하지 않고 수월하게 극복합니다.

그러나 불안과 걱정 때문에 준비에 문제가 생깁니다. 얼마만큼 준비할지 예측이 안 되기 때문입니다. 준비를 덜하거나 안 해서 생기는 건 방임이고 준비를 너무 많이 해서 생기는 건 과잉입니다.

개별적인 사항이 아닌 거시적인 관점에서 부모의 방임과 과잉 중 어느 것이 문제가 더 심할까요?

저는 '과잉'이라 봅니다.

과거와 지금을 비교해 봅시다. 아이에 대한 부모의 관심은 과거보다 지금이 더 많습니다. 아이에 대한 부모의 지원도 과거보다 지금이 더 많습니다. 교육에 대한 정보도 과거보다 지금 더 많이 접합니다.

　부모는 과거보다 아이에 대한 관심을 많이 가지고 있고 주위엔 교육 정보가 넘쳐 납니다. 그러나 부모는 불안합니다. 불안을 없애려고 아이에게 더 관심을 가지고 교육을 잘 시키려고 하지만 남는 건 빈 통장과 허무함뿐입니다. 아이는 좀처럼 부모 마음대로 움직이지 않습니다. 부모는 구성의 모순*에 빠집니다. 많이 해서 문제라면 과감하게 덜어 내는 발상의 전환이 필요합니다.

　기준을 아이에게 둬 보는 겁니다. 부모의 헌신과 노력이 아이에게 먹히지 않기 때문에 발상을 전환하자는 것입니다. 교실에서는 당장 내일 아침에 무슨 일이 벌어질지 예측할 수 없습니다. 예측할 수 없기 때문에 구체적이고 체계적인 준비는 무용지물이 될 가능성이 높습니다. 그러기에 아주 기본적인 준비만 합니다.

　인사하기, 사과하기, 고마워하기, 종 치면 자리에 앉기, 책상 사물함 정리하기 같은 사소해 보이는 것을 꾸준히 해야 생활도, 공부도 잘할 수 있다고 믿어야 하고 또 믿을 수 있게 허용적인 분위기를 만드는 것이 기본적인 준비입니다.

　부모는 아이를 믿고 싶지만 불완전한 아이의 성장을 보며 불안하

◆ 개별적으로는 타당한 이야기가 전체적으로 보면 틀리는 현상입니다. 예를 들면 경기장에서 앞줄에 앉아 있는 사람이 경기 상황을 더 잘 관람하기 위해 일어선다면, 뒷줄에 앉아 있던 관람자들이 모두 일어서게 되고, 결국 모두가 제대로 관람하지 못하게 되는 현상과 마찬가지라고 할 수 있습니다.
　ー 서경원, 『Basic 고교생을 위한 정치·경제 용어사전』(신원문화사, 2002) 참조

고 걱정되어 참견하고 싶고, 도와주고 싶고, 거들고 싶고, 고치고 싶고, 잔소리하고 싶습니다. 그러나 조건 없이 믿어 주는 것만이 부모가 할 수 있는 최고의 존재 이유입니다.

이런 교류가 다 끝나고 준비되었으면 '적극적인' 무관심으로 들어가야 합니다. 참 이율배반적인 말입니다. 어떻게 적극적으로 무관심해질 수 있다는 말일까요?

아이를 키우고 가르치는 일은 부모가 자신의 삶을 돌아보고 성장하는 과정입니다. 아이가 커 나가고 성숙해지는 만큼 부모도 성장하고 성숙합니다. 그건 육아서나 교육서를 통해 배우거나 강연을 통해 경험하는 것과는 천지 차이입니다. 적극적으로 무관심하라는 말은 아이에 대한 관찰을 꾸준히 하되 부모의 개입을 최소한으로 해야 한다는 뜻입니다. 그렇다면 아이는 배움이 일어날까요?

안전이 확보되고 믿음과 사랑을 받은 아이는 적극적으로 자신의 삶을 배우고 개척합니다.

아이가 약하다고 생각하나요? 아이가 무지하다고 생각하나요? 아이가 허술할 것이라고 생각하나요?

아이 혼자는 그럴 수 있지만 아이들과 함께 소통하고 공감하며 배려할 줄 아는 아이는 약하지도, 무지하지도, 허술하지도 않습니다.

부모가 무관심하게 행동하는 것은 선택권을 아이에게 주는 의도적인 행위입니다. 아이가 잘못된 선택을 하면 어쩌나 걱정되시나요? 안전에 이상이 없고 타인에게 방해되지 않으면 아이의 선택을 존중해 주세요.

안전에 이상이 없을지, 타인에게 방해가 될지 누가 정해야 할까요? 당연히 아이가 정해야 합니다. 물론 기회를 주면 실수하고 실패합니다. 부모와 교사의 역할은 아이의 실수와 실패를 기다렸다 지적하고 질책하는 것이 아닙니다. 다치지 않았는지, 타인에게 방해되지 않았는지 물어보고 또 다른 선택을 할 수 있도록 제안합니다. 선택에 책임이 따른다는 것을 배우려면 선택의 결과를 질책하지 않고 함께 해결하면 됩니다. 대신 주도권이 아이에게 있다는 것만 명심하고 따르면 됩니다. 이것이 적극적인 무관심의 실행 방법입니다. 이 과정을 거칠 때 바로 애타는 인내심이 필요합니다. 그래서 적극적인 무대응이라고 말하기도 합니다.

아빠의 적극적인 무관심

의외로 아빠는 사춘기 자녀에 잘 대처할 수 있는 능력을 가지고 있습니다. 그러나 그 능력이 무엇인지 모릅니다.

일단 아빠는 두 가지 특징이 있다고 전제하고 시작합시다.

하나는 아이에 대해 잘 모를 수 있고, 다른 하나는 사회생활을 해본 경험이 상당히 쌓였습니다.

물론 어릴 적부터 자녀의 일거수일투족을 함께했던 아빠도 있긴 합니다만 제가 교실에서 만난 대부분의 아빠는 자녀에 대해 잘 모르고 있었습니다.

잘 모를 때는 막연한 긍정이나 막연한 불안이 많습니다. 상대적으로 자녀에 대한 시시콜콜한 정보까지 다 알고 있는 엄마에 비해 아빠는 대등한 입장에서 자녀교육에 대한 토론을 할 때 열세(?)를 면치 못하죠. 그런데 자녀를 잘 모른다는 것이 어떻게 능력이 될까요?

사춘기가 오면 독립하겠다는 신호를 보냅니다. 그래서 가정보다 학교에 부모보다 친구에 더 몰입하죠. 물론 경제적 도움을 비롯한 정서적 안정감까지 버린다는 뜻은 아닙니다. 즉 지원은 받되 간섭은 받지 않으려고 합니다.

엄마는 아이를 잘 알고 있습니다. 그만큼 아이도 엄마를 잘 알고 있어요. 어떻게 하면 지원을 받는지도 알고 어떻게 하면 간섭을 피하는지도 파악하고 있습니다.

아빠는 아이를 잘 모릅니다. 마찬가지로 아이도 아빠에 대한 상대적인 정보가 적습니다. 일견 아빠가 불리해 보입니다. 그러나 그렇지 않습니다. 여기서 두 번째 특징인 사회생활을 해 본 경험이 빛을 발합니다.

초등 4학년 이상 되면 최소한 아빠는 직장생활이든 자영업이든 10년 이상 해 본 상태입니다.

어느 직업이든 사회생활의 공통점은 정해진 답이 없다는 것이고 10년 이상 사회생활을 해 봤다는 건 최소한 사회적 질서와 위계, 관계 형성의 기본 자질은 갖추었다는 것을 의미합니다. 바로 질서와 위계, 관계 형성의 기본 자질을 써먹을 좋은 기회가 온 것입니다. 그래도 감이 안 온다면 예를 들어 보겠습니다.

아빠를 회사의 부장급 상사라고 생각해 봅시다. 신입사원은 일 처리도 어수룩하고, 관계 형성도 잘 되지 않습니다. 도움을 주고 싶지만 자존심 상해 할까 봐 조언도 조심해서 해야 합니다. 잘했을 땐 격려하고 잘못이 있을 땐 상사로서 지적해야 하죠. 따끔하게 지적하지만 감정을 상하지 않게 해야 하는 어려운 일입니다. 적극적인 무관심은 바로 이런 상황에서 아빠가 어떻게 대처해야 하는지 힌트를 줍니다. 아빠는 사춘기에 접어든 자녀를 직장의 막내 사원으로 대입하면 됩니다.

권위를 가지되 상대방의 인격을 존중해 줍니다. 아이라고 생각하지 말고 어른이라 생각합니다. 방법을 하나 알려드리겠습니다.

"아이의 삶에 관해 이야기하려 하지 마시고 아버지의 삶에 대해 이야기하세요."

"아이의 삶에 대한 이야기는 아이가 하려고 할 때 들어주세요."

"아이의 고민을 해결해 주기보다는 아버지의 고민을 아이에게 털어놓으세요."

엄마의 적극적인 무관심

그렇다면 엄마는 어떻게 해야 적극적인 무관심의 기술을 습득할 수 있을까요? 아빠보다 훨씬 어렵다는 것을 미리 전제하고 시작합니다. 왜 어려울까요?

엄마는 아이에게 무관심하기 어렵습니다. 보통 여성은 남성보다 공감력이 뛰어납니다. 아이를 대하는 엄마는 아이에 관한 한 특별히 몇 배의 공감력을 가지고 있습니다. 강한 공감력은 아이의 일거수일투족을 관찰하고 아이의 감정을 느낍니다. 그래서 아기 시절 아이는 엄마 품에서 안심하고 큽니다. 물론 엄마는 신체적으로나 정신적으로 엄청나게 소모하다 지쳐 갑니다. 사춘기의 아이는 그런 엄마의 공감이 비교적 덜 필요한 시기입니다.

전혀 필요 없지는 않습니다. 아이는 필요할 때면 언제든 힘없는 아기로 변신하여 엄마의 애간장을 녹입니다. 특히 아플 때는 더하죠. 그래도 필요한 거 다 충족하고 나면 언제 그랬냐는 듯 질풍노도의 사춘기 아이로 변신합니다.

사춘기 아이를 둔 엄마는 혼란스럽습니다. 아이의 언행이 시시각각으로 변할수록 민감한 엄마의 감정 레이더는 더 이상 적중률이 높지 않습니다. 아이의 마음이 엄마를 떠났다는 것을 직감적으로 느끼면 더욱더 불안합니다.

육아 시절, 힘들고 고통스러울 땐 빨리 자라서 품을 떠났으면 좋겠다는 생각을 했습니다. 화장실도 못 갈 정도로 엄마를 졸졸 따라다니며 찰거머리(?) 짓을 하던 아이가 어느 순간 돌변하여 마음이 떠나 버렸습니다. 빈 둥지를 지키는 어미새가 되어 버린 기분입니다. 계속해서 아빠와 이런 감정의 변화에 대해 교류를 나눈 사이가 아니라면 엄마의 감정 변화에 아빠는 눈치 보기 급급합니다.

엄마는 불안을 불안 그 자체로 받아들이지 못하고 불안을 없애야 안정된다고 생각하기 쉽습니다.

소설가 알랭 드 보통이 한 말 중에 이런 것이 있습니다.

"불안을 다른 불안으로 대체시키고 욕망을 다른 욕망으로 대체한다. 이것이 인생이다."

엄마는 육아 과정을 통해 수없이 많은 아이에 대한 정보를 가지고 있고 교감했던 기억을 하고 있으며 아이의 절대적인 의존을 경험해 봤습니다. 이런 경험과 감정은 불안을 받아들이기 어렵고 아이의 변화를 인정하기 싫습니다. 아이에 대한 불안을 받아들이는 것이 핵심입니다.

그럼 뭘 어떻게 하란 말일까요? 엄마가 그동안 유보시켜 놓았던 엄마 자신을 찾아야 할 시기가 왔습니다. 10여 년 넘게 누구의 엄마로 살아오면서 아이와 엄마 자신을 동일시했던 것에서 분리하는 연습을 해야 합니다. 10여 년 넘는 익숙한 생활에서 나를 찾는 새로운 생활을 시작해야 합니다.

아이가 사춘기에 해당하는 나이가 된 엄마라 할지라도 앞으로 남은 인생은 훨씬 많습니다. 그 인생을 사는 법을 연습해야 합니다.

아이에게 당당히 말하세요.

"널 어른으로 인정해 줄게. 엄마도 널 키우느라 잠시 놓아뒀던 엄마의 인생을 어떻게 살아갈지 연구해야겠어. 배울 것이 있으면 배울 것이고 여행을 가야 할 땐 갈 거야. 엄마가 엄마의 인생을 산다고 해서 널 버리는 것은 아니야. 넌 엄마의 소중한 아들(딸)이고 그 사실은 변함이 없어. 언제든 품으로 돌아오면 안아 줄게."

아이의 인생은 아이의 것이라 인정하고, 엄마의 인생은 엄마의 것이라 선언하면 됩니다. 배울 것이 있으면 배우고, 즐길 것이 있으면 즐기세요. 하루이틀 여행도 가 보고 연습을 충분히 해서 그동안 못했던 장거리 여행도 하세요.

주위를 돌아보면 수많은 강연과 책과 공연이 즐비합니다. 그다지 큰돈을 들이지 않아도 문화생활과 여가 그리고 공부와 여행은 충분히 할 수 있습니다.

이때 아이는 어떻게 할까요? 순순히 엄마를 놔 줄까요? 절대 그렇지 않습니다. 최대한 자신이 유리한 방향으로 엄마를 끌고 오려 합니다. 그래도 속지 마세요. 그런 아이에게 믿음을 주고 믿는다 말해야 합니다.

"아들(딸)아, 엄마는 널 믿어. 네가 잘살 것이라 믿어. 네가 잘 선택할 것이라 믿고 그 선택을 행할 것이라 믿어. 엄마도 아들(딸)을 통해 배우고 싶어. 너의 인생을 살아. 엄마는 엄마의 인생을 살 거야."

일상의 위대함을
믿으세요

일상은 무료함의 연속입니다. 주말이나 방학 때 자녀를 돌보는 부모의 일은 끝없이 이어집니다. 세끼 밥을 먹이고, 아이들은 놀고, 부모는 차리고, 정리하고의 연속입니다. 가끔 동네 산책을 가기도 합니다. 그렇게 하루는 가고 잠자리에 듭니다. 일상은 특별한 것 없는 단조로움입니다.

아이가 학교에 와서 하는 일상을 살펴봐도 마찬가지입니다. 학교 오고, 수업 듣고, 밥 먹고, 틈틈이 놀고, 마치면 집에 갑니다.

부모는 집에서, 교사는 학교에서 아이의 일상을 함께합니다.

집보다는 학교에서 뭔가 더 교육적 성과가 날 듯하지만 일상은 성과로 추려 내기 쉽지 않습니다. 일상은 기본이기 때문입니다.

그런데 조급하고 불안한 마음이 기본을 지키자는 생각을 위협합니다. 누가 위협할까요? 옆집, 친척, 심지어는 배우자에게서 위협이 오기도 합니다. 뉴스와 신문 그리고 인터넷에 떠도는 기사와 글을 보면 그렇게 보이기도 합니다.

'우리 아이의 영어는 ○○으로 시작하세요.'

'수학은 기초가 중요합니다. ○○으로 대비하세요.'

'우리 아이 어릴 적부터 ○○를 준비하세요.'

'아이의 미래, 부모가 준비해야죠.'

지금도 TV를 틀면 교육 정보가 홍수처럼 밀려옵니다. 부모의 불안과 욕망을 자극하는 광고와 기사는 차고 넘칩니다.

조금 더 들어가 봅시다. 사회가 부모에게 기본 이상의 것을 요구한다고 해서 따라야 할 의무감이 생기나요? 부모 앞에 두고 그 부모의 자식 문제에 왈가왈부할 만큼 우린 강심장인가요? 교사 앞에 두고 그 교실의 교육 문제에 왈가왈부할 만큼 우린 한가한가요?

부모든 교사든 각 가정과 교실에서 각자의 역할을 즉 기본에 충실하다는 전제를 해야 합니다. 그렇지만 기본을 지킨다는 것만큼 어려운 것이 없습니다. 왜 그럴까요? 기본을 지키기 어려워가 아닙니다. 기본을 유지하고 기본의 가치를 스스로 인정하며 지키기 어려워서입니다.

유형의 성과물이 아닌 무형의 가치가 바로 기본입니다. 보이는 것이 아닌 보이지 않는 것에 대한 믿음을 가져야 기본에 대한 믿음을 가질 수 있습니다. 그렇다면 다시 한 번 아이의 기본적인 하루 일상을 돌아봅시다.

1. 아침에 제시간에 일어난다.

2. 아침을 먹는다.

3. 학교 갈 준비를 하고 제시간에 등교한다.

4. 학교에 가서 수업을 듣는다.

5. 마치고 집에 온다.

6. 논다.

7. 저녁을 먹는다.

8. 논다.

9. 씻고 잔다.

아이가 학교에 있을 4번을 제외하고 가정에서 아이 때문에 어떠한 문제가 생길지 문항지를 만들라고 했을 때 부모님들은 최소한 항목당 열 가지 이상의 문제 상황을 만들 수 있습니다. 바로 가정에서 잔소리하는 항목을 쓰면 됩니다.

시간이 모자라 항목을 더 만들 수 없는 것이지 문제 상황이 없어서 문항을 못 만드는 것이 아닙니다.

욕망과 불안이 교차하는 아이와 그보다 더 큰 욕망과 불안이 교차하는 부모 사이에서 벌어지는 수많은 크고 작은 문제 상황이 지금도 대한민국의 각 가정에서 흔하게 일어나지만 거의 대부분은 무탈하게 넘어갑니다.

겉으로 평온해 보이지만 속으론 수없이 많은 감정 충돌과 욕망과 불안이 순식간에 일어났다가 사그라듭니다. 그런 것들은 사후 분석은 할 수 있어도 사전 예측은 불가능합니다.

가정의 일상은 그렇게 지나갑니다.

일상을 유지하는 능력을 가진 부모는 위대한 능력을 가진 부모입니다. 그것만으로도 충분한 가치를 가집니다. 잘 잤냐고 아침에 아이에게 인사하고, 아프지 않고 건강하게 학교 보내고, 학교 수업 잘 하고 오고, 안 다치게 잘 놀고, 그렇게 친구들과 놀다가, 혹은 학교에서 선생님께 꾸중 들었다고 속상하다고 푸념하는 아이의 이야기도 들어주고, 같이 저녁밥을 먹고, 무사히 하루를 보내는 일상. 어제도 그렇게 했고 오늘도 그렇게 하며 내일도 그렇게 할 부모의 흔한 일상입니다. 이것이 일상의 위대함이고 이것이 위대한 일상입니다. 위대한 일상을 사는 부모는 그 존재만으로도 위대한 일을 매일 하고 있는 겁니다.

좋은 부모가 되는
방법이 있습니다

교사로서 좋은 학부모와 만나는 것도 복입니다. 20년간 아이들과 부모를 겪었지만 고마운 학부모들이 많이 있어 여기까지 왔습니다.

그렇다고 제가 아이와 부모의 비위를 맞추거나 다 들어주는 편한(?) 선생은 아니었습니다. 되는 것과 안 되는 것은 분명히 정하고 필요하면 부모와 설전(?)도 마다하지 않는 교사였습니다. 20년 동안 매년 학부모의 항의를 받았습니다.

그래도 지지하며 응원해 주신 학부모가 더 많았기에 교사와 학부모 모두에게 조금이나마 도움이 되고자 먼저 교사의 눈으로 보는 좋은 학부모 알아보는 법을 남깁니다.

일단 좋은 부모는 겉으로 보기엔 표가 잘 안 납니다. 하지만 오랜 교사생활을 하다 보면 사소하거나 작은 것으로도 알 수 있습니다.

긍정적인 자존감을 가진 부모

긍정적인 자존감을 가진 아이를 교사는 좋아합니다. 긍정적인 자존감을 가진 아이의 부모도 긍정적인 자존감을 가지고 있습니다. 긍

정적인 자존감은 공감 능력과 배려심이 높습니다. 교사의 의도가 무엇인지 먼저 파악하고 존중해 줍니다

긍정적인 자존감을 가진 부모는 평소에도 주변을 안정적으로 관리하는 능력을 가지고 있습니다. 예기치 못한 상황에서 크게 흔들리지 않습니다. 아이에게는 학교에서 부모가 예상하지 못한 일이 벌어지기도 합니다. 그럴 땐 누구나 낙담하고 실망하지만 긍정적인 자존감을 가진 부모는 누구보다 강한 회복력을 발휘합니다. 그리고 이렇게 묻습니다.

"선생님 제가 어떻게 하면 될까요?"

긍정적인 마음을 가진 부모

긍정적인 마음을 가진 부모와 부정적인 마음을 가진 부모는 아이를 대할 때 차이가 나고 그것은 교사에게도 직접 영향을 미칩니다. 특히 아이가 실수했거나 교사가 미흡했을 때 바로 나타납니다. 긍정적인 마음을 가진 부모는 아이의 실수와 교사의 실수를 인정해 줍니다. 아이는 부모에게 솔직해지고 교사는 미안함과 고마움에 더 열심히 하려는 마음을 가집니다.

긍정적인 마음을 가진 부모는 이런 말을 자주 합니다.

"아이 키우다 보면 저도 실수 많이 해요. 괜찮아요, 선생님!"

담임의 의사를 존중하는 부모

사람의 성격이 다르듯, 부모와 담임의 지도 방침이 다를 때가 있

습니다. 저는 숙제를 잘 안 내고 일기 검사를 안 합니다. 학습량은 적고 자율적인 학습태도를 기르도록 유도합니다. 공부하려는 마음을 다잡기 전까지 수업을 미루기도 합니다.

아이의 눈으로 보면 저와 수업하는 것이 평소 집에서 하던 학습 패턴과 다른 경우가 많습니다. 아이가 저를 만나 공부를 등한시한다고 학원량을 더 늘리는 경우도 봤습니다. 그렇지만 아이를 다독거리고 설득해서 아이가 담임의 뜻을 존중하도록 하는 부모님이 더 많습니다.

담임의 의사를 존중해 주는 부모는 상담을 오셔도 느낌이 다릅니다. 교육에 대해 나름 많은 독서와 지식이 있지만 담임의 의견을 먼저 존중합니다. 그것이 아이에게 더 좋다는 것을 알기 때문입니다.

담임의 의사를 존중해 주는 부모는 이런 말을 자주 합니다.

"저는 선생님을 믿습니다."

내 아이만큼 남의 아이도 챙기는 부모

꼭 물질로 챙기는 것이 아닙니다. 부모의 따스한 가슴은 어느 아이에게나 필요합니다. 함께 먹이고 함께 지내게 하고 우리 아이 남의 아이 가리지 않고 있는 대로 챙기고 거두는 부모가 참 고맙습니다.

물질은 차고 넘치는데 마음을 나누는 경우는 흔치 않아 이런 부모는 학교에 와서도 자기 아이만 챙기지 않습니다. 가끔 그 부모의 아이가 자기만 좋아해 주지 않는다고 투정부리는 경우도 있는데 집에선 꼭 안아 주고 학교에선 거리를 두고 응원합니다. 담임은 잘 모르지만 아이들이 알려 줘서 아는 경우가 있습니다.

내 아이만큼 남의 아이도 챙기는 부모는 아이이게 이런 말을 자주 합니다.

"친구들이랑 친하게 지내."

"친구들 데리고 집에 와."

"친구들과 잘 놀아."

여유 있는 부모

여유와 방임은 한끗 차이입니다. 그렇지만 그 차이는 아주 크게 느껴집니다. 아이가 잘할 때는 여유를 가질 수 있지만 아이가 잘못하거나 말썽부릴 때 교사와 부모가 만나면 진짜 모습을 보입니다. 교사도 이런 경우 참 난감하지만 그 마음을 이해해 주고 어떻게 해야 좋은지 먼저 조언을 구해 주는 부모는 참 고맙습니다. 이런 부모는 핑계 대지 않습니다.

여유 있는 부모는 말보다는 행동으로 보여 줍니다. 교사의 이야기를 경청합니다.

기본 생활 습관을 잘 챙기는 부모

학습은 교사가 시키면 되는데 생활 습관은 참 지도하기 어렵습니다. 이미 집에서 혹은 그 이전에 안 좋은 습관이 몸에 배어 버렸기 때문입니다.

초등 저학년일 땐 그나마 기회가 있는데 4학년 이후엔 더 어렵습니다. 그래서 저학년 땐 학습보다 습관 형성이 더 중요한데 그걸 잘 챙겨 주는 부모가 참 고맙습니다.

요즘은 이런 부모가 점점 줄어듭니다. 다른 것이 더 중요하다고 생각하는지 감정의 진폭만 커져 걱정은 많은데 실제 기본 생활 습관을 챙겨 주는 건 소홀합니다.

특히 관계에서 인사가 참 중요한데 부모가 주변에 인사를 잘하는 것을 본 아이는 인사 습관이 잘 잡히고 금방 따라 합니다. 식당에서 서빙을 받을 때나 물건을 살 때, 주차비를 정산할 때 등 누구로부터 서비스를 받을 때 진가가 나타납니다. 부모가 솔선수범해서 기본 생활 습관을 지키면 아이에게도 도움이 되고 교사에게 믿음과 신뢰를 줍니다

기본 생활 습관을 잘 챙겨 주는 부모 역시 말보다 행동으로 보여 줍니다.

그래서 희망은 부모입니다

아이를 믿습니다

아이들은 잘 토라지고 말도 듣지 않고 별일 아닌 일로 싸우기도 합니다. 지도하느라 속상하긴 하지만 어른보다 강한 자정 능력을 가지고 있습니다.

아이는 불안이 사라지면 잘하려고 욕망합니다. 부모와 교사는 이때 도와주면 됩니다.

아이는 자기의 꿈을 실현해 나갈 힘도 있고 그럴 자질도 있습니다. 그래서 아이에게 희망을 봅니다.

교사를 믿습니다

아이들과 밀고 당기는 실랑이는 하루도 빠짐없이 일어납니다. 가르치는 것은 점점 어려워지고 복잡해져 갑니다. 잘한다는 격려보다 사회적인 질책을 더 많이 받는 것 같아 움츠러듭니다.

그러나 교사를 보고 배우려는 맑고 밝은 아이의 얼굴을 보며 마음을 다잡습니다.

대한민국 교사는 이런 역경에서도 아이들을 가르칠 수 있는 자질과 능력이 있습니다. 교사에게 믿음을 주면 능히 그들은 아이를 위해 헌신할 겁니다.

그래서 교사에게 희망을 봅니다.

부모를 믿습니다

아이를 키우는 것이 점점 무서워지고 힘이 듭니다. 아이는 자랄수록 부모 속을 썩이고 부모는 대가 없이 몸과 마음을 쏟아부어야 하는 현실에 지쳐 갑니다. 도대체 이런 고통은 언제 끝날 것인지 기약도 없습니다.

그렇지만 세상 누구보다 아이를 사랑하는 존재는 바로 아이의 부모입니다. 힘들고 외로울 때 가장 큰 힘과 버팀목이 되어 주는 것도 부모입니다.

하지만 부모가 주는 가장 큰 선물은 아이 곁에 있어 주는 겁니다. 아이 곁에서 부모가 좀 더 괜찮은 어른의 모습을 보이는 것이 가장 좋은 부모교육입니다. 그것은 부모의 삶이고 그것은 다시 인생을 참되고 행복하게 사는 길입니다.

부모가 행복해야 합니다. 부모가 건강해야 합니다. 부모가 꿈을 꾸고 부모가 위대한 일상을 무던히 살아야 합니다.

대한민국의 부모는 능히 그럴 자질과 능력이 있습니다.

그래서 부모에게 희망을 봅니다.

아이를 믿고 교사를 믿고 부모를 믿습니다. 아이에게 희망을 보고 교사에게 희망을 보고 부모에게 희망을 봅니다.

그렇다면 아이, 교사, 부모 중 우리의 교육을 바로잡을 가장 큰 힘을 가진 이는 누구일까요? 바로 교사입니다. 아이를 매일 보고 있는 그들이 누구보다 잘할 수 있습니다.

그렇다면 아이, 교사, 부모 중 우리 교육에 누가 가장 큰 영향력을 행사할 수 있을까요? 그건 바로 부모입니다. 교육 개혁의 힘은 교사에게 있지만 교사에게 영향력을 행사할 수 있는 이는 부모입니다.

이것이 교육의 불가근불가원을 해소하는 가장 강력하고 위대한 교육 개혁입니다.

부모와 교사가 손을 잡아야 할 이유는 분명합니다. 오로지 우리 아이들을 위해서입니다. 우리 아이들이 부모와 교사의 등을 밟고 저 넓은 세상으로 나갈 수 있도록 해야 합니다.

아이와 함께 배우고 성장하는
초등 부모 교실

ⓒ 차승민, 2018

초판 1쇄 발행 2018년 7월 16일
초판 2쇄 발행 2021년 5월 31일

지은이 차승민
펴낸이 김혜선   **펴낸곳** 서유재   **등록** 제2015-000217호
주소 (우)04034 서울 마포구 잔다리로7길 18(서교동 377-20) 504호
전화 070-5135-1866   **팩스** 0505-116-1866   **대표메일** seoyujaebooks@gmail.com
종이 엔페이퍼   **인쇄** 성광인쇄

ISBN 979-11-89034-04-7 03370